opus magnum – edition amici

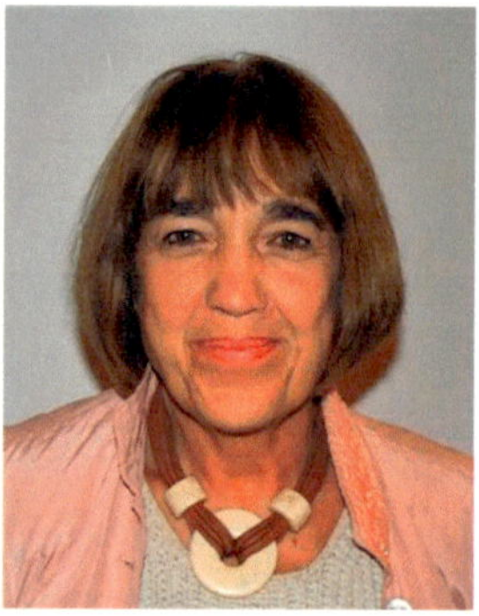

Marion Röttgen lebt mit ihrer Familie in Stuttgart. Sie hat in Literaturwissenschaft promoviert, Sprecherziehung und Logopädie studiert und ist Inhaberin des Institut FON für Logopädie und Weiterbildung. Als Professorin für Gesundheitswissenschaft lehrt und forscht sie an der IB-Hochschule.

Marion Röttgen

Schlimme Geschichten

Edition
Amici

Bibliografische Information der Deutschen Nationalbibliothek
Die Deutsche Nationalbibliothek verzeichnet diese Publikation in der Deutschen Nationalbibliografie; detaillierte bibliografische Daten sind im Internet über http://dnb.d-nb.de abrufbar.

Version 1.01
Umschlaggestaltung, Grafik und Layout: Marion Röttgen
Herstellung: BOD - Books on Demand GmbH., Norderstedt

ISBN 13: 978-3-939322-99-3

Inhalt

Harry

Alle haben schon einen Freund, nur ich nicht, klagt Hanna ihrer Tante. Ich bin eben kein Männertyp. Tante Meta lacht hell auf und sagt in ihrem etwas näselnden Hamburger Singsang: Keine Sorge, mein Kind, ein Männertyp wirst du schon noch werden. Ein Jungstyp bist du vielleicht wirklich nicht. Bitte versteh' mich nicht falsch. Das sagt Tante Meta immer, bitte versteh' mich nicht falsch. Besonders dann sagt sie es, wenn man sicher davon ausgehen kann, dass das, was sie da sagt, ein klein wenig verletzend und durchaus auch so gemeint ist.

Tante Meta streicht der Fünfzehnjährigen über die struppigen kurzen Haare und betrachtet amüsiert das junge Mädchen, das allerlei Anstrengungen macht, der verehrten Jean Seberg zu gleichen. Die Haare sind nur einen Zentimeter lang, mit ihren einzigen Jeans ist Hanna voll Widerwillen mehrmals in die dreckige Elbe gestiegen, weil man munkelt, dadurch würden die Hosen einlaufen und noch enger werden. Unsinn, man braucht eh schon einen Schuhlöffel, um sie anzuziehen. Hannas Mutter hat vergeblich versucht, die Badeveranstaltungen zu verhindern, die ihr das ohnehin unliebsame Kleidungsstück ihrer Tochter vollends unappetitlich machen. Igitt, was sind das doch für schmuddelige Plünnen.

Hanna sieht an sich herunter, betrachtet ihre Jeans von C & A, die immer noch nicht das Flair des Verwerflichen haben, sieht auf ihre nackten Füße in den billigen hellblauen Ballerinaschühchen und errötet.

À bout de souffle… sagt Tante Meta begütigend, warst du denn auch in dem Film? Der ironische Blick der Tante ist vergessen, es beginnt ein ungleiches Gespräch zwischen dem jungen Mädchen und der belesenen Tante, über Filme und Bücher, über Maler und Musik. Ein Gespräch, in dem Hanna sich ernst genommen fühlt, sich in ihrer jugendlichen Melancholie geradezu philosophisch bedeutsam vorkommt. Bei den Eltern gibt es das nicht. Die Schallplatte mit barocken Streichquartetten, die ihr die Tante geschenkt hat, darf sie zu Hause nur hören, wenn keiner da ist. Grässlich solch ein Gejidle, ist der mütterliche Kommentar, was du daran nur findest. Mach dir nichts draus, tröstet Meta, deine Eltern sind beide sehr bürgerlich, bitte versteh' mich nicht falsch, sehr bürgerlich.

Nach einem dieser aus Hannas Sicht tiefsinnigen Nachmittage bei Tante Meta macht Hanna einen Umweg und spaziert beschwingt und mit neuem Selbstbewusstsein durch die kleine Einkaufsstraße nach Hause. Sie bleibt vor der Buchhandlung stehen und liest im Schaufenster mit Bewunderung Namen großer Schriftsteller, deren Bedeutung sie nur ahnt, aber – obwohl sie sie alle noch nicht gelesen hat – kommt sie sich auch mit diesem vagen Wissen um Größe schon bedeutsam vor.

Plötzlich pfeift jemand neben ihr. Hei du. Da steht ein junger Mann, kaum älter als sie und schiebt ein blaues Moped. Kannst du das mal halten, ich muss da was holen, es kippt sonst um, der Ständer ist kaputt. Klar, antwortet Hanna, als sei sie es gewohnt, dass man sie anspricht, als kenne sie sich damit aus, wie man mit fremden jungen Männern umgeht. Er verschwindet in der Buchhandlung und kommt mit einer Zeitung wieder heraus. Die hol ich immer für meinen Chef. Möchtest du ein Eis? Gegenüber der Buchhandlung ist Weka, der Name die Anfangsbuchstaben von Waitzstraßen-Kaffee, erster Vorbote der italienischen Eissalons, von denen es ein paar Jahre später in dieser Straße gleich fünf geben sollte. Harry, so hat sich der junge Mann inzwischen vorgestellt, spendiert Hanna einen Pappbecher, nicht eine Tüte mit einer Kugel, nein, gleich einen ganzen Pappbecher Eis mit Erdbeer-, Schoko- und Vanillegeschmack. Dazu gibt es einen grünen Plastiklöffel. Abends zu Hause schreibt sie mit Bleistift ‚Harry' auf die kleine grüne Schaufel. Hannas erste Einladung!

Für den kommenden Tag hat Harry versprochen, sie von der Schule abzuholen. Ob sie auf dem Gepäckträger mit ihm Moped fahren wolle? Natürlich will sie, aber es ist schon klar, dass sie nicht darf. Doch wer sieht das schon. Es ist spannend, auf das kleine blaue Moped zu steigen, noch spannender ist es, dass sie die Arme um Harry legen muss, damit sie nicht herunter fällt.

So fährt das junge Pärchen zwei, drei Straßen weiter bis zum Beseler Platz, dort zeigt ihr Harry stolz, wo er arbeitet. Er geht schon nicht mehr zur Schule, sondern macht eine Lehre als Malergeselle. Schau mal, die schöne gelbe Villa dort, die renovieren wir, erzählt er mit Stolz und schlägt sich auf die Brust, als sei er selbst der Bauleiter. Toll, findet Hanna.

Den weiteren Weg schiebt Harry das Moped. Die beiden schweigen unbeholfen und schüchtern.

Wie zufällig spazieren sie zu dem kleinen Park des Vororts und setzen sich auf eine Bank. Dort sitzen sie Hand in Hand und wagen nicht, sich anzuschauen oder miteinander zu reden. Dann bring ich dich mal nach Hause, sagt Harry schließlich. Als sie die Pforte erreichen, die zu dem Haus führt, in dem Hanna wohnt, winken sie sich zum Abschied nur lässig zu, aber sie haben ausgemacht, sich am Wochenende zu treffen.

Inzwischen hat die Apothekerin vom Beseler Platz schon ihre Freundin, Hannas Mutter, darüber informiert, dass sie Hanna ‚knutschend' im Park mit einem Rocker gesehen habe. Entsprechend ist der häusliche Empfang. Hanna, mit weichem Gefühl und klopfendem Herzen vor Glück über ihr erstes unschuldiges Rendezvous, muss sich gegen eine Schimpfkanonade der Mutter verteidigen, die ihr ‚Schweinkram' unterstellt. Tief gekränkt weint sich Hanna in den Schlaf und versucht, sich an den zärtlichen Händedruck des Jungen zu erinnern.

Samstagnachmittag fährt Harry mit seinem Moped überpünktlich vor, offenbar genauso glücklich über seine neue Freundin wie sie über ihn. Von zwei Kumpanen begleitet, ebenfalls auf Mopeds, denen er offenbar seine Eroberung vorführen will, knattern die drei Jungs vor Hannas Haus auf und ab. Hannas Mutter zetert über die Motorradrocker und verbietet Hanna, das Haus zu verlassen. Mit diesen Halbstarken verkehrt meine Tochter nicht, schreit sie. Ein Malerlehrling… Hast du nicht alle Tassen im Schrank?

Hanna reißt sich los, stürzt die Treppe hinunter, setzt sich zu Harry auf das Moped und sagt: Los, fahr los. Der aufregende Ausflug geht an die Elbe. Dort sitzen die beiden auf einer Parkbank und sehen sich schweigend in die Augen. Als es dämmert und sie aufbrechen müssen, fasst sich Harry ein Herz, gibt Hanna einen Kuss auf die Wange und sagt: Ich liebe dich. Ich dich auch, flüstert Hanna und drückt ihn fest an sich.

Zu Hause sitzen drohend die Mutter und nun auch der Vater, der kühl und scheinbar freundlich anbietet, den Konflikt zwischen Mutter und Tochter zu lösen. Er macht seiner Tochter überzeugend klar, dass man die Freunde, mit denen sie verkehrt, kennen zu lernen wünscht, dann könne sie sich gern auch außerhalb des Elternhauses mit ihnen treffen. Er fragt, wann der junge Mann vorhabe, sich wieder mit Hanna zu treffen, und bietet an, dass man bei dieser Gelegenheit mit ihm gemeinsam irgendwo Kaffe trinken gehen würde. Hanna ist ratlos und willigt schließlich ein.

Am kommenden Tag also, als das blaue Moped auf der Straße rattert, geht Hanna hinunter und erklärt Harry das Vorhaben ihres Vaters. Harry ist verwirrt und ahnt, vorausschauender als Hanna, dass er sich in eine hoffnungslos peinliche Situation begibt. Jung und unsicher, verliebt in Hanna, gibt er aber nach. Wenig später erscheinen geschniegelt in Anzug und Krawatte der Vater, die Mutter in elegantem Kostüm, und begrüßen den jungen Mann mit herablassender Höflichkeit. Sie holen den schwarzen Opel aus der Garage, fordern die jungen Leute auf einzusteigen und los geht es nach Blankenese in das wohl vornehmste Terrassen-Kaffee Hamburgs auf dem Süllberg. Hanna kann sich nur an die

Silberhochzeit ihrer Eltern hier oben erinnern, sonst ist man nie auf den Einfall gekommen, dieses noble Lokal aufzusuchen.

Sie sind eine merkwürdige Gruppe, der schlichte junge Mann mit seiner schwarzen Kunstlederhose und einem billigen Nicki neben den aufgeputzten Eltern von Hanna.

Das Ambiente ist Harry fremd, ungeschickt weiß er nicht, sich zu benehmen, kämpft mit dem Sahneberg auf der Torte, lässt die Serviette unbenutzt neben dem Teller, den Kaffeelöffel legt er nach dem Umrühren nicht zurück auf die Untertasse… Noch schlimmer ist das Gespräch. Mit süffisanter Gemeinheit beginnt der Vater dem jungen Mann Fragen zu stellen, denen der sechzehnjährige Lehrling nicht gewachsen ist. Er verheddert sich, seine Aussprache rutscht immer mehr in den Hamburger Slang.

Hanna leidet, sie kämpft mit den Tränen und beginnt, ihren Vater aus vollem Herzen zu hassen. Unter dem Tisch streichelt sie Harry das Knie, der sitzt jedoch in zunehmender Hilflosigkeit starr auf seinem Stuhl.

Auf der Heimfahrt spricht keiner ein Wort. Vor der Pforte sagt Hanna laut ‚Tschüß bis morgen', obwohl ihr klar ist, dass Harry nie wieder kommen wird. Hast du begriffen, dass der nicht zu uns passt? höhnt ihr Vater.

Wortlos geht sie in ihr Zimmer, schließt sich ein und schreibt in ihr Tagebuch: Und ich werde ihn dennoch heiraten. Ich liebe ihn. Ich hasse euch und euren Standesdünkel. Ihr seid so bürgerlich. Tante Meta, wie recht du hast, sie sind so ekelhaft bürgerlich.

Das Ballkleid

Die Tanzstunde war für Ariana in jeder Hinsicht eine Katastrophe. Zu jung, um bei der Männlichkeit bereits Erfolg zu haben, mit viel zu kurzen Haaren, die ihr kindliches Aussehen noch unterstrichen, hatte sie neidvoll die teuren Abende an der Seite ihrer Freundin Renata überstanden. Renata, ein durchschnittlich hübsches Mädchen, hatte all das, was Ariana fehlte: eine laszive Ausstrahlung, die provozierend mit ihrer großbürgerlich noblen Erscheinung kontrastierte, ein sicheres, ja geradezu siegessicheres Auftreten und Geld. Die dünnen langen Wimpern waren bereits sorgfältig geschminkt, sodass ihr wässrig blauer Blick mehr Effekt machte als Arianas dunkelbraune Augen, um die ein ungeschickt verschmierter Schatten von Bleistiftkrümeln lag.

Arianas Mutter hatte sich ‚krumm gelegt', wie sie sich ausdrückte, um die teure Tanzschule auf der Rothenbaumchaussee zu bezahlen, sodass das junge Mädchen nicht nur den Schmerz trister Abende verkraften musste, an denen sie als Mauerblümchen allenfalls von einem großen pickligen Jüngling aufgefordert wurde, der nach Schweiß roch und ihr ständig auf die Füße trat, nein, sie musste ihrer Mutter auch noch kunstvoll vorlügen, dass alles ganz herrlich sei, um diese nicht zu enttäuschen. Das finanzielle Opfer sollte sich zumindest im Glück des Töchterchens bezahlt machen.

Ariana hieß eigentlich ganz simpel Margret. Überzeugt, dass man mit so einem Namen ohnehin keinen Erfolg haben könnte, hatte sie sich kurzerhand den ‚Künstlernamen' Ariana zugelegt, nach einem romantischen russischen Roman aus der Taschenbuchreihe rororo, den sie nachts heimlich verschlungen hatte.

Anlass zu dieser Schwindelei war wiederum Renata, die sich in der Tanzstunde in einen schwarzhaarigen hübschen Burschen verguckt hatte, der nicht nur auf den klangvollen Namen Boris hörte, sondern tatsächlich Halbrusse war. Renata schickte Margret vor, die sich als Fremde ausgeben sollte, um sich selber so indirekt und dezent an ihn heranzumachen. Als Russin konnte sich Margret schlecht ausgeben, obwohl sie aus Begeisterung für die russische Literatur seit ein paar Monaten begonnen hatte, einer alten Gräfin von Lieven einmal wöchentlich in deren Blankeneser Kapitänshäuschen Gesellschaft zu leisten, um als Gegenleistung etwas Russisch bei ihr zu lernen.

So entschieden sich Renata und Margret für die ungarische Nation, wohl wissend, dass Ungarisch eine schwere Sprache und nicht mit dem Russischen verwandt ist. Als exotischer Köder wurde also die ungarische Ariana von Renata für Boris ausgelegt. Das erste Rendezvous nach einer der Tanzstunden war dann auch ein Spaziergang zu dritt durch den dunklen Park an der Sternschanze. Renata kam aber schnell zur Sache, sodass Margret-Ariana schon bald als störende Begleitung frierend am anderen Ende der Parkbank kauerte, während Renata mit Boris knutschte.

Die Abende in der Rothenbaumchaussee wurden nach Renatas Eroberung nicht lustvoller für

Margret. Boris gefiel auch ihr. Sie selbst jedoch blieb, weil sie den pickligen Jüngling verschmäht hatte, noch bis kurz vor dem Abschlussball ohne festen Partner für diesen großen Tag. Alle Paare hatten sich gefunden, die unglücklichen Überbleibsel – außer Margret war noch ein bleichsüchtiges Mädchen mit einer dicken Brille ohne Anhang geblieben – wurden von den Tanzstundenlehrern vertröstet, man werde ihnen zum Abschlussball zwei Herren aus dem Fortgeschrittenenkurs borgen. Margret erhielt einen zu klein geratenen Franzosen Namens Jean-Pierre, der immerhin gut tanzte, aber außer den drei Pflichttänzen zu Beginn des Balls mit Margret nichts im Sinn hatte.

Die Wochen vor dem Ball waren von Kümmernissen verschiedenster Art begleitet. Der eingebildete Liebesschmerz für den schwarzhaarigen Boris, den Margret-Ariana hin und wieder trösten durfte, wenn Renata sich spröde gab oder provozierend mit anderen flirtete, wuchs von Woche zu Woche. Schlimmer war jedoch, dass Margret nichts Passendes anzuziehen hatte. Der pastellfarbene Blumenrock der Mutter mit der ausgeschnittenen hellblauen Bluse hatte schon zum Mittelball gedient und war selbst bei jener Gelegenheit an der unteren Grenze der Eleganz der anderen Mädchen gewesen. Prätentiös hatte Margrets Mutter die Tanzschule am Rothenbaum gewählt, weil sie als nobel galt, nicht bedenkend, dass die jungen Leute überwiegend aus den umliegenden Villen an der Alster kamen. Geld spielte dort keine Rolle. Margrets Mutter jedoch war allein stehend, der getrennt lebende Vater, Generaldirektor einer holländischen Firma, brauchte Geld für seine zweite Jugend, und die über lange Zeit verwöhnte Mutter kam mit den 483 DM, die ihr Mann ihr kleinlich und boshaft genau abgezählt monatlich zukommen ließ, natürlich nicht zurecht.

Renata wurde von einer Schneiderin ein Ballkleid aus weiß glänzender Baumwolle mit Hohlsaumstickerei genäht, dazu gab es eine breite Schärpe aus grüner Seide und handgearbeitete Ballschuhe aus demselben grünen Stoff. Der Friseur für eine nette Dauerwelle war bestellt, sodass Renata ihrem Triumph an Boris Seite gelassen entgegensah.

Nicht so Margret. Der Friseur war das kleinste Problem, denn an Arianas Stoppelfrisur war nicht viel zu machen. Eine rothaarige Chanson-Sängerin im Umfeld von Sartre hatte ihr die Idee eingegeben, sich durch den Kurzhaarschnitt das Flair der französischen Existenzialisten zu geben. Das Ergebnis ließ allerdings andere Assoziationen aufkommen. Neue Schuhe hatte Margret sich durch Nachhilfestunden verdient. Bei Görtz hatte sie für 33 DM ein Paar Ballerina-Schuhe aus weißem Lack erworben. Es war zwar kein Leder, aber wer sah das schon. Das Kleid jedoch brachte Mutter und Tochter in größte Verlegenheit. Die Figur der Mutter war zwar durch den Kummer des Alleinseins nicht mehr so rundlich wie noch einst in glücklicheren Jahren an der Seite ihres Gatten, doch ihre Kleider, alle nicht neu, seit der Trennung mehrfach geändert, wirkten an dem kindlichen Körper Margrets grotesk und trostlos altbacken.

Ein Ballkleid zu kaufen, war aus finanziellen Gründen indiskutabel. Ein Gang zu C&A endete mit Tränen, alles, was bezahlbar gewesen wäre, war scheußlich. Die Freundin Annegret Risch erschien als rettender Engel. Ein Jahr älter als Margret, hatte sie die glücklichen Tage der Tanzstunde bereits hinter sich, das Kleid aber war noch da, das könne Margret geliehen bekommen. Es war schon dunkel, als Margret die Freundin zur Anprobe besuchte, und als sie eine Stunde später mit einer Plastiktüte in der Hand wieder nach Hause zog, nieselte es zudem, sodass die Leute auf der Straße, denen das junge Mädchen begegnete, die Tränen nicht sahen, die ihr über das Gesicht liefen.

Annegret Risch und ihre drei Geschwister schliefen in den Schrägen eines ausgebauten Daches hinter Holzverschlägen. Margret fand das romantisch. Dass Annegrets Eltern arm waren, begriff sie erst, als sie in dem billigen Ballkleid vor dem Schrankspiegel im Schlafzimmer von Ehepaar Risch stand. Das Kleid war zu groß, gewiss – Annegret war viel älter und kräftiger als Margret. Außerdem hatte sie schon einen stattlichen Busen, der in dem Ballkleid durch zwei harte Plastikschalen, die unter dem Ausschnitt steckten, prächtig zur Geltung gekommen war. Nun sah man im Licht der trüben Deckenlampe Margret in dem riesigen rosa Tüllkleid stecken. Die Büste stand weit und fordernd ab über der knabenhaften Brust des Mädchens, die schmalen Hüften umwogte, von mehreren Petticoats gestützt, ein weiter Rock aus hartem billigen Tüll. Aus dem rosa Ungetüm ragten hilflos ein kleiner kurz geschorener Kopf und barfüßige dünne Kinderbeine. Das Wohlwollen Annegrets und die Verzweiflung Margret machten blind und verhinderten das Gelächter, das die alberne Gestalt in dem trüben Spiegel dieses düsteren Schlafzimmers bei jedem anderen ausgelöst hätte.

Auf dem Rückweg nach Hause war Margret klar geworden, dass alle Tänzer aus dem Fortgeschrittenenkurs, und natürlich vor allem die Tanzlehrer selbst, Annegrets Kleid wieder erkennen würden. Es war so außerordentlich rosa. Nein, sie konnte dieses Kleid nicht anziehen, das sah auch die Mutter ein, als sie ihr Kind in dem grellen Wust aus Tüll betrachtete.

Die Rettung brachte Gräfin von Lieven, eigentlich deren Schneiderin, und einige Meter changierender blass türkisfarbener Seide, die für ein Ballettkleid vorgesehen waren. Die Tänzerin hatte den Auftrag für das Kleid verschieben müssen, der Stoff war preiswert zu erwerben, und die Gräfin beredete ihre Schneiderin, in wenigen Tagen für wenig Geld aus dem märchenhaften Stoff ein schlichtes Kleid zu fertigen.

Am Ballabend sah Margret aus wie ein Meerjungfräulein, der blumige Brokatgürtel – eine Leihgabe der Gräfin – war der einzige Schmuck auf dem kurzärmeligen Kleid, dessen Stoff zwischen seegrün, hellblau und silbern changierte.

Renatas Eltern hatten angeboten, Margret und ihre Mutter abzuholen. Die S-Bahn wäre der bessere Weg gewesen. So saßen die allein stehende Mutter und Margret wie arme Verwandte schweigend hinten neben Renata im Auto, denn das Wort richteten Renatas Eltern, die sich etwas Besseres dünkten, nicht an die beiden Mitfahrerinnen.

An der Freitreppe des Atlantik-Hotels stiegen die ungleichen Freundinnen aus. Renata ausgerüstet wie für einen Debütantinnen-Ball, Margret kindlich ‚im Schatten junger Mädchenblüte', Renatas rheinländische Eltern, untypisch für Hamburg, pompös aufgedonnert, und Margrets Mutter in einem mehr oder weniger gelungenen, selbst genähten braunen Jackenkleid, ein Typ Garderobe, den sie für vornehm hielt, weil man darin immer ‚angezogen' sei.

Im weißen Spiegelsaal des Nobelhotels an der Alster waren bereits Hunderte von prächtig, aber wie in Hamburg üblich, eher langweilig als elegant gekleideten Gästen versammelt, Champagnergläser mit spitzen Fingern haltend, leise in Hamburger Singsang belanglose Komplimente austauschend.

Die Tanzschulen hatten die Tischordnungen in der Weise vorgegeben, dass die Eltern der jungen Paare mit ihren Kindern an einem Tisch saßen. So kam es, dass Herr Rheinberg, Renatas Vater, ein neureicher Geschäftsmann mit musischer Begabung – er spielte ebenso wie seine Tochter hübsch Klavier – im Kreise von lauter Damen saß, denn beide Mütter der Tanzstunden-Herren waren wie Margrets Mutter ebenfalls ohne männliche Begleiter erschienen. Jean-Pierres Mutter, rundlich mit blondierten Haaren und einem entschieden zu roten Kleid – plapperte, noch bevor man sich wechselseitig vorgestellt hatte, in gebrochenem Deutsch von einem zum anderen, ohne sich darum zu kümmern, ob ihr jemand zuhörte oder nicht. Ihr Schmuck stammte von Karstadt und war ebenso reichlich wie ihr Wortschwall. Margrets Mutter, die selber gerne plauderte, wandte sich erleichtert der unerwarteten Gefährtin zu, froh, der abweisenden Unhöflichkeit von Ehepaar Rheinberg zu entgehen.

Boris' Mutter jedoch, die sich mit einer gelassen eleganten Bewegung erhoben hatte, als Margret und Renata an den Tisch getreten waren, reichte selbstbewusst mit einem strengen Lächeln, das keinen Widerspruch zu dulden schien, allen nacheinander unaufgefordert ihre schmale weiße, ringlose Hand und sagte mit rauchig tiefer Stimme: Knecht, ich bin die Mutter von Boris. Dabei rollte sie das R.

Margret vergaß bei dem Anblick der schönen Russin ihre Aufregung und ihre Sorge um diesen Abend. ‚Knecht', welch unpassender Name für diese stolze Erscheinung. Boris' Mutter trug ein enges schwarzes Kleid, hochgeschlossen mit einem schmalen Stehkragen. Die ebenso schwarzen Haare hatte sie zu einer strengen Frisur in einem großen Knoten, der langes üppiges Haar verriet, nach hinten gebunden.

Der Abend verlief, wie zu erwarten war. Herr Rheinberg wahrte nicht die mindeste Höflichkeit. Er sprach und tanzte nur mit seiner Frau und seiner Tochter. Margrets Mutter versuchte das Geplapper der Französin vergeblich durch eigene Anekdötchen zu unterbrechen, bis sie müde nachgab und sich der melancholischen Wirkung des süßlichen Moselweins überließ, dem sie kräftig zusprach.

Margret hatte die ersten drei Tänze mit Jean-Pierre getanzt, seit dem saß sie trotz ihres hübschen Kleidchens mit enttäuschten Kinderaugen an der weißen Tafel, lief öfter als notwendig in die Toilettenräume, damit nicht alle bemerkten, dass sie sitzen blieb.

Immer wieder aber ging ihr bewundernder Blick zu Boris' schöner Mutter. Sie wunderte sich über die Gelassenheit der schönen Russin, die mit ihren schrägen Kirgisenaugen und einem gleichmütigem Lächeln den Tanzenden zusah und hin und wieder in die Richtung ihres Sohnes eine leichte Handbewegung machte, der hingegeben mit Renata tanzte.

Plötzlich jedoch wandte sich Frau Knecht Margret zu. Du hast ein sehr schönes Kleid an, Ariana. Dabei lächelte sie so, dass Margret sich errötend bedankte. Der Abend, der bis dahin nur Verlegenheit und Enttäuschung gebracht hatte, wandelte sich. Margret setze sich zu Boris' Mutter und begann mit der fremden Frau ein Gespräch über russische Bücher, die sie gelesen hatte. Boris, Renata, der ganze Ballsaal versanken in dem lebhaften Austausch und der gemeinsamen Begeisterung der beiden ungleichen Frauen. Später erinnerte sich Margret an diesen Abend nicht ohne Glücksgefühl.

Ein Konzertbesuch

Es war Frühnebel, als sie aus dem Haus ging. Sie hatte sich Mühe gegeben, ihre Haare zu fönen. Sinnlos in Hamburg. Die Luft ist zu feucht. Ihre glatten Haare fielen lang über die Schultern. Egal, dachte sie. Sie fror, weil sie aus Eitelkeit keinen Mantel angezogen hatte. Das leuchtend blaue Kostüm hatte ihr erst am Vortag die Freundin ihrer Mutter geschenkt. Ein heiteres, leuchtendes Blau und kaum getragen. Die Freundin ihrer Mutter war Apothekerin und sie hatte Geld. Als sie in die S-Bahn stieg, die um diese Zeit am Sonntag noch vollkommen leer war, blieb sie stehen, weil sie keine Falten in den Rock sitzen wollte. Sie hätte getrost sitzen können. Der grob gewebte Stoff hatte Qualität.

Endlich ein neues Kleidungsstück. Sie lächelte sich zu in der Fensterscheibe der S-Bahn. Endlich nicht in dem rot-karierten Mantel ausgehen müssen. Ihr Freund hatte sie eingeladen, mit ihm und seiner Mutter in die Musikhalle zu gehen. In eine Matinee. Es gäbe Brahms, hatte er gesagt. Schamhaft verschwieg sie, dass sie noch nie in der Musikhalle war. Ihre Eltern gingen nicht ins Konzert. Ralf hingegen war fast jede Woche in einem Konzert. Brahms. Brahms gefiel ihr, sie hatte den Film ‚Lieben sie Brahms?' gesehen. Die Musik hatte sie tief berührt, aber sie wusste so wenig über klassische Musik.

Als sie am Dammtor-Bahnhof ausstieg, spürte sie den kalten Wind, der durch den locker gewebten Stoff fuhr. Egal, dachte sie und ging aufrecht mit schwingenden Schritten. Ihr Haar wippte auf dem Rücken, ihr Gang verriet ihre Heiterkeit, ihre Vorfreude. Brahms.

Sie war viel zu früh. Vor der Musikhalle blieb sie stehen, schaute staunend die barocke Fassade an. Schön, dachte sie, ging dann aber rasch die Treppe hinauf und trat in den hell erleuchteten Vorraum. Außer ihr waren bisher nur wenige alte Damen eingetroffen. Sie stellte sich an die Seite neben eine der prunkvollen, goldbemalten Säulen und wartete.

Immer mehr Menschen kamen, Paare mit wehenden Mänteln, die an ihr vorbei zu den Garderoben eilten, einzelne junge Leute, vielleicht Studenten, und endlich kam ihr junger Freund mit seiner blonden Mutter. Sie ging ihnen entgegen, lächelte und streckte Ralfs Mutter die Hand zum Gruße entgegen. Tach, sagte diese hastig, ohne ihr in die Augen zu schauen. Kommt, wir müssen erstmal schnell die Mäntel abgeben. Mein Gott, was haben Sie denn für ein Kostüm an. Die Farbe ist ja furchtbar.

Ihr Freund lachte kurz auf und ging vor zur Garderobe. Sie glaubte, im Boden versinken zu müssen. Sie errötete und kämpfte mit den Tränen. Die Kränkung schmerzte so sehr, dass sie später wie versteinert im ersten Rang saß. Sie hörte nichts, sie hatte nur einen Wunsch, nach Hause, das Kostüm ausziehen und weinen. Diesen ersten Konzertbesuch vergaß sie nie, und wenn sie später Brahms hörte, erinnerte sie sich immer an das blaue Kostüm.

Lange weiße Hosen

Er war dreizehn Jahre alt, als sein Vater starb. Er war so jung, dass er sich später nicht genau besinnen konnte, woran der Vater gestorben war, plötzlich war er nicht mehr da. Dein Vater ist tot, hatte die Mutter gesagt. Schlosser war er gewesen, das wusste der Junge. Euer Vater hat eine wichtige Erfindung gemacht, er hat ein Tresorschloss erfunden und die Erfindung an eine Bank verkauft, sagte die Mutter. Der Junge fragte sich nie, warum sie dann kein Geld hatten. Er war einfach zu jung.

Als der Vater starb, ging er in die 7. Klasse. Er wäre gerne weiter zur Schule gegangen. Später, nach der 9. Klasse, da hätte er nach St. Georg ins Gymnasium gehen können. Manchmal versuchte er, sich zu erinnern, wie das Leben war, bevor sein Vater starb, aber er hatte es vergessen. Es fiel ihm nichts mehr ein. Nur dass der Vater sehr blaue Augen hatte, das wusste er. Du hast die blauen Augen von deinem Vater, sagte seine Mutter oft.

Seit sein Vater tot war, bewohnten sie nur noch ein Zimmer und eine Wohnküche in einer kleinen Wohnung im dritten Stock eines schmalen Hauses in der Hamburger Altstadt, gleich neben der Michaeliskirche. Die anderen beiden Zimmer hatten sie vermietet. Wir haben ja die Küche, sagte die Mutter. Seine Mutter schlief mit den beiden kleineren Geschwistern im Ehebett, in dem Zimmer war kein Platz für ein weiteres Bett. Er schlief in der Küche, auf der Eckbank.

Nachts nähte die Mutter. Sie änderte Kleider für andere Frauen aus der Nachbarschaft. Sie nähte am Esstisch in der Küche. Es gab keinen anderen Tisch, und im Zimmer schliefen die kleineren Geschwister. Er konnte gut schlafen bei dem Geklapper der Nähmaschine. Sie surrte ihn in den Schlaf. Es war mehr das Licht, das ihn manchmal störte. Aber meist war er müde. Wenn er nach Hause kam, war er müde. Er hatte sofort Arbeit finden müssen. Sein Vater hatte noch nicht genug Rentenanteile angesammelt. Wenn dein Mann mit Anfang dreißig stirbt, bist du geliefert, sagte seine Mutter. Er verstand nur ungefähr, was sie damit meinte, geliefert. Wieso geliefert…

Seine Schwester war neun und sein Bruder sieben Jahre, als der Vater starb. Sie mussten noch in die Schule gehen. Du bist schon zwölf, du musst Arbeit suchen. Wir haben kein Geld. Dein Vater ist zu jung gestorben.

Mit zwölf durfte man nicht wirklich arbeiten. Das war verboten. Aber er fand eine Stelle als Laufbursche in einem großen Konzern. Der Hauptsitz lag in der ABC-Straße am Gänsemarkt, aber die Lager verteilten sich über die Innenstadt von Hamburg. Einige waren am Hafen, andere hinter dem Dammtor-Bahnhof, fast bei der Sternschanze. Dorthin musste er oft. Er rannte und brachte Briefe, Päckchen und Röhren aus Pappe mit Depeschen von der ABC- Straße zur Sternschanze.

Im Sommer machte er immer einen Umweg und lief an der Rothenbaumchaussee entlang. Er lief schnell, er rannte, um Zeit zu gewinnen und ein paar Minuten am Rothenbaum stehen bleiben zu können.

Am Rothenbaum waren Tennisplätze, einmal im Jahr fanden hier Tennisturniere statt, zu denen Spieler aus aller Welt anreisten. Während dieser Wochen waren die Zäune des Geländers mit Planen verhängt, auf denen Firmenwerbungen standen, sodass man von der Straße nicht auf die Plätze sehen konnte.

In den anderen Wochen aber gönnte er sich fast täglich die kleine Pause an den hohen Zäunen. Er legte seine Depeschen vor sich auf den Boden, hängte die Finger in die Maschen des Zaunes und drückte sein Gesicht gegen die Metalldrähte. Fasziniert starrte er auf die Spieler in weißen langen Hosen, wenn sie lässig, seitlich gedreht am Spielfeld standen, den Ball auf den Boden warfen und mit elegant ausholender Bewegung den Schläger schwangen, um den Ball in der Luft zu treffen und in hohem Bogen über das Netz zu schmettern.

‚Ich möchte einer werden so wie die…' Irgendwann auch ich, dachte er und rannte weiter, um seine Pflicht zu erfüllen. Weil er fleißig war, stieg er auf und verdiente etwas mehr Geld, sodass seine Geschwister auf der Schule bleiben konnten. Sie sind intelligent wie dein Vater, sagte seine Mutter, es wird sich lohnen, wenn sie Abitur machen. Es lohnte sich. Wenn sie fertig sind, dann mache ich auch Abitur, dachte er manchmal. Wenn sie fertig sind.

Er war schon längst nicht mehr Laufbursche, sondern arbeitete als Bürogehilfe in der kleinen Dependance der Firma am Hafen. Am Rothenbaum ging er nur noch sonntags spazieren. Für eine Eintrittskarte zum Turnier langte das Geld noch lange nicht, aber es langte, um das Studium seiner

Geschwister zu finanzieren. Die Mutter nähte noch immer, und die Familie wohnte nach wie vor zu viert in der kleinen Wohnung an der Michaeliskirche. So ging es einigermaßen. Hin und wieder brachte er kleine Körbe mit Kaffee oder Marmelade mit, die er im Hafenbüro geschenkt bekam, wenn er half, das Löschen der großen Frachter der Firma abzuwickeln. Schön, dass du deinen Geschwistern hilfst, aber sie lohnen es dir ja auch, sagte seine Mutter. Sein Bruder studierte Physik, seine Schwester Deutsch und Geografie auf Lehramt.

Er war schon zehn Jahre in der Firma, als ihm klar wurde, dass er nicht mehr weiter befördert wurde. Er konnte kein Englisch, er hatte kein Abitur. Als er sich in der Volkshochschule anmeldete, um Englisch zu lernen, beklagte seine Mutter die unnötige Geldausgabe. Deine Geschwister haben ihr Studium bald abgeschlossen, wir beide kommen auch so aus. Sie wusste nicht, dass er von weißen langen Hosen am Rothenbaum träumte.

Zum endgültigen Krach kam es, als er eine kleine Freundin mit nach Hause brachte. Das ist Petita, sagte er, wir möchten heiraten. Petita war Halbwaise und brachte nichts mit in die Ehe außer ihrer Bewunderung für ihn. Raus, schrie seine Mutter, raus, zerstöre nur die Zukunft deiner begabten Geschwister. Verschwinde mit deiner habgierigen Metze. Die Geschwister schwiegen zu der Szene, sollte er doch gehen, im Grunde brauchten sie ihn auch nicht mehr. Ihre Studien waren so gut wie abgeschlossen. Er verließ die kleine Wohnung mit seiner weinenden Freundin und betrat sie nie mehr.

Du wirst es zu etwas bringen, sagte Petita, und sie behielt recht. Es sollte jedoch noch fast zwanzig Jahre dauern, bis er, inzwischen Direktor in seiner Firma, in langen weißen Hosen auf dem Rothenbaum Tennis spielte.

Der falsche Zeitpunkt

Die drei Mädchen hockten um den Schreibtisch von Klaras Vater und nutzten die Abwesenheit von deren Mutter, um alle möglichen und unmöglichen Telefonate zu führen. In den fünfziger Jahren war das Telefonieren nicht einfach. Wollte man ungestört sein, verzog man sich in eine Telefonzelle. Doch die waren damals sehr frequentiert, und der nächste Kandidat stellte sich natürlich dicht vor die Tür, damit der Vorgänger bemerkte, dass er ihm zuhörte und entsprechend rasch aufhörte zu telefonieren.

An diesem sonnigen Ferientag hatten die drei das schwarze Telefon ganz für sich. Nachdem die attraktive Bixi ihre diversen Verehrer abtelefoniert hatte und schließlich Regina einen wichtigtuerischen Telefonplausch mit ihrer älteren Kusine so ausgedehnt hatte, dass die zwei anderen sich zu langweilen begannen, hatte Bixi die großartige Idee, Rainer Stiller anzurufen.

Rainer Stiller! Klara kannte nur seinen Namen, der auf nahezu allen Schulbänken ihrer altmodischen Schule eingeritzt war. Auch auf ihrem Tisch prangte dieser Name. Die älteren Mädchen ihrer Klasse schworen, er sei der schönste Christianeer überhaupt. Das Christianeum war das nahe gelegene humanistische Jungengymnasium. Bixi sang im gemischten Chor der beiden Schulen und kannte sich aus. Rainer ist ein Traummann, einfach super, aber er geht in die Oberprima und ist schon achtzehn, man kommt nicht an ihn ran.

Regina, ein frühreifes Geschöpf, das in heimlichen, nächtlichen Telefonaten zu Klaras Aufklärung beitrug, indem sie ihr aus Lady Chatterly, Lolita oder aus dem elterlichen Gesundheitslexikon vorlas, fand die Gelegenheit, Rainer jetzt telefonisch zu ‚kontaktieren', wie sie sich altklug ausdrückte, einfach genial. Die Telefonnummer, ebenfalls von Gravierungen in Schulbänken der Mädchenschule allseits bekannt, wurde gewählt, und es begann ein alberner, kichernder Versuch, den jungen Mann in ein Gespräch zu verwickeln. Offenbar war er solche Elogen gewohnt, kanzelte entsprechend Bixi, die er vom Chor her kannte, recht schnell ab, Regina erklärte er für frech, und auf die Frage, wer denn da noch im Hintergrund sei, gaben die beiden Protagonistinnen nolens volens den Hörer an Klara weiter, die unentschlossen dabei stand. Einerseits war sie schüchtern, weil sie keine Erfahrung mit Jungs hatte wie ihre Freundinnen, andererseits fürchtete sie, dass ihre Mutter nach Hause käme.

Hallo, sagte sie und verschluckte sich schon bei dem ersten Wort. Du hast eine sehr hübsche Stimme, sagte der unbekannte junge Mann am anderen Ende der Leitung. Wie heißt du? Kenne ich dich vom Chor? Nein, ich kann nicht singen, erklärte Klara noch immer verwirrt. Das glaube ich nicht, du hast eine sehr schöne, verführerische Stimme. Klara bekam Mut. Findest du? Die Blicke von Bixi und Regina ermunterten sie, das Geplauder mit Rainer aufzunehmen. Sie wurde übermütig. Die Chance meines Lebens, dachte sie und gab sich lässig und lasziv, wie Birgit es ihr vorgemacht hatte. Das Telefon gab ihr Schutz, sahen doch nur die beiden Freundinnen ihren roten Kopf. Weil sie in ihrer Unschuld nicht recht wusste, worüber sie reden sollte, entschloss Klara sich, Rainer einen Witz zu erzählen, den sie gerade erst von Regina gehört hatte. Bixi hatte sich gekrümmt vor Lachen, Klara natürlich auch, obwohl sie ganz und gar nicht verstanden hatte, was daran komisch gewesen sein sollte. Rainer war sprachlos. Der Witz war provozierend freizügig, ordinär und im Grunde kein bisschen komisch. Sag mal, wie alt bist du? fragte Rainer sichtlich irritiert. Verrat ich nicht, antwortet Klara mit Samtstimme. Pass auf, sagte er, ich möchte dich gern kennenlernen. Hast du Zeit? Klara konnte ihr Glück nicht fassen. Rainer verabredete sich mit ihr für den übernächsten Tag am kleinen Bahnhofseingang, neugierig auf ein frivoles Abenteuer. Bixi und Regina waren außer sich vor Aufregung: ein Rendezvous mit Rainer Stiller! Gott sei Dank kam Klaras Mutter nach Hause, sodass das Gespräch über Rainer nicht fortgesetzt werden konnte.

Klara hatte zwei schlaflose Nächte. Zunächst musste sie sich etwas ausdenken, damit sie ihr bestes Kleid, ein zitronengelbes Kleid aus Organdy, anziehen durfte. Dann musste der Petticoat gestärkt und irgendwoher Schminke besorgt werden. Das Taschengeld reichte für den kleinen Probelippenstift, den es in der Drogerie für drei D-Mark gab. Auf die Augenlider pflegte Klara schon länger heimlich, sowie sie das Elternhaus verlassen hatte, einen Schatten zu zaubern, in dem sie Bleistiftkrümel darauf schmierte. Ein paar Stoffschühchen mit einem raffinierten orientalischen Muster hatte die Freundin ihres Bruders neulich stehen lassen, die würde sie tragen. Ihrer Mutter erzählte sie, dass in der Ballettschule eine Aufführung sei, daher müsse sie das gelbe Kleid anziehen.

Als Klara am Donnerstagnachmittag das Haus verließ, war sie vor Aufregung ganz bleich. Ihre arglose Mutter brachte das schlechte Aussehen ihres Töchterchens mit der Ballettaufführung in Verbindung und wünschte Hals- und Beinbruch.

Schlimm war, dass Bixi und Regina von der Verabredung wussten und natürlich die ganze Sache in der Schule herumerzählt hatten. Als Klara also mit Herzklopfen zum Eingang des Bahnhofs ging, sah sie schon ein halbes Dutzend Schulkameradinnen hinter der Litfasssäule warten. Sie tat natürlich, als sähe sie niemanden, aber das Herz klopfte ihr bis zum Hals. Wenn er nun doch nicht käme? Welche Blamage. Und wie sah er überhaupt aus, sie hatte ihn ja noch nie gesehen.

Sie war absichtlich nicht zu früh gekommen, um ganz lässig zu wirken. Unerwartet pünktlich bog ein Fahrrad um die Ecke. Ein hochgewachsener junger Mann, mit braunen seidigen, halblangen Haaren, wie sie die Beatles trugen, bremste, stieg ab und sah unsicher auf das kleine Mädchen, das dort stand. Da niemand sonst am Bahnhofeingang wartete, schien ein Zweifel ziemlich ausgeschlossen. Bist du Klara, fragte der junge Mann lachend, verblüfft, ein Kind vor sich zu sehen, das so ganz und gar nichts von einer Lolita oder gar einer kleinen Femme fatale hatte, wie seine Phantasie es ihm während des Telefonats vorgegaukelt hatte. Ja, sagte sie, Klara. Er gab ihr die Hand. Ich erkenne deine schöne Stimme, aber ich dachte, du seiest viel älter. Sag mal ehrlich, wie alt bist du? Vierzehn, bekannte sie schüchtern. Süß, sagte er. Komm, lass uns einen Spaziergang machen. Galant nahm er sie leicht am Ellenbogen und führte sie fort vom Bahnhof in den Jeppweg, einen kleinen Park, der geradeaus durch eine hübsche Allee am Bahndamm entlang führte und so offen war, dass zu Klaras Erleichterung die lieben Freundinnen nicht ungesehen hinterher kommen konnten. Rainer machte einen langen Spaziergang mit Klara, unterhielt sich mit ihr über die Schule, über das Ballett, über seinen späteren Beruf, er plante, Rechtsanwalt zu werden, und staunte, als er hörte, dass Klara Mathematik studieren wolle. Liebenswürdig verabschiedete er sich nach einer Stunde von ihr, brachte sie noch fast bis nach Hause. Klara, du gefällst mir, aber es ist besser, wenn wir uns nicht wieder miteinander verabreden, du bist noch zu jung. Vielleicht sehen wir uns in ein paar Jahren einmal wieder. Er nahm ihr Gesicht in beide Hände und gab ihr einen freundschaftlichen Kuss auf die Stirn.

Fast zehn Jahre später besuchte Klara ihre Mutter für ein paar Tage und war bei dieser Gelegenheit zu einer Party eingeladen, die die Tochter einer Freundin ihrer Mutter gab. Im Grunde hatte sie keine große Lust, sie lebte seit Jahren in Süddeutschland und vermutete, auf diesem Fest außer der Gastgeberin niemanden zu kennen. Im Übrigen fühlte sie sich durch ihre frühe Mutterschaft in diesen rein studentischen Kreisen oft fremd. Ihre Lebenssituation war dadurch, dass sie Familie, Arbeit und Studium kombinieren musste, anders geworden.

Sie kam etwas zu spät, es war schon schummrige Partystimmung. Man hatte reichlich Bowle getrunken, die Rock 'n' Roll-Platten waren mittlerweile zur Seite gelegt, und man spielte Blues. Die Paare schmusten im Halbdunkel des Raums, aber natürlich gab es auch die Ecke, in der heftig weltanschaulich debattiert wurde. Es ging um Heidegger versus Jaspers. Klara setzte sich zu den diskutierenden jungen Leuten und war bald in das Gespräch einbezogen. Einer der Studenten, Heidegger-Anhänger wie sie, der mit ihr in nahezu allen Argumenten übereinstimmte, begann charmant mit ihr zu flirten. Kommen Sie, warum sollen wir uns weiter mit den anderen streiten, lassen Sie uns tanzen. Sie sind zu Besuch hier und eigentlich nicht aus Hamburg? Doch, antwortetet sie, ich studiere nur zur Zeit in Tübingen. Ach, und wie heißen Sie? Ich bin übrigens Rainer Stiller.

Ich heiße Klara, sagte sie erschrocken und blieb stehen. Oh je, wer hätte das gedacht. Sie setzten sich auf eines der Sofas. Ich schäme mich noch heute wegen des Witzes… Er lachte schallend und gestand, sich immer noch an ihn zu erinnern. Er war so dumm, so ordinär, und er passte so überhaupt nicht zu dir. Ich denke, wir können uns duzen, so wie damals? Übermannt von der grotesken Situation, begannen sie ein Gespräch über ihr bisheriges Leben, ließen sich ein auf einen Flirt, auf eine Liebelei, tanzten, gaben sich bis zum Morgengrauen dem absurden Traum einer kleinen Liebe hin. Jetzt bist du nicht mehr zu jung… Nein, antwortete sie, jetzt nicht mehr, aber jetzt ist es zu spät. Als es hell wurde, nahm sie ein Taxi nach Hause.

Ein Flirt

Das Zimmer war übervoll wie fast jeden Abend bei Benno und seiner Frau. Die Freunde – meist etwas jünger als die Gastgeber – verteilten sich auf die großen flachen Schlafsofas, diverse Fledermaussessel oder hockten einfach im Schneidersitz auf dem Boden. Kaum einer, der nicht rauchte, alle tranken aus hohen Gläsern Whisky Soda, Bier oder andere alkoholische Getränke. Trotz der lauten Gespräche spielte Musik aus Lautsprechen, die für das – wenn auch recht geräumige – Zimmer überdimensioniert waren. Modern Jazz und New Orleans wechselten sich ab. Die Themen der Gespräche waren politischer oder beruflicher Art. Die meisten arbeiteten wie Benno in der Werbung als Grafiker, Texter oder wie seine Frau als Fotografen. Benno hatte es zum Etatdirektor gebracht, verdiente entsprechend und genoss sichtlich, dass seine jungen Gäste ihn bewunderten. Seine Gastlichkeit und die souveräne Nonchalance seiner selbstbewussten hübschen Frau hatte die Frankfurter Altbauwohnung zu einer Art Club werden lassen, der abendlich allen Freunden offen stand.

Die Selbstverständlichkeit, mit der die Freunde in der Küche ein- und ausgingen, sich aus dem Kühlschrank und aus den Bierkisten auf dem Balkon bedienten, schien weder Benno noch seine Frau zu stören, sondern war gewissermaßen der Preis, den sie gerne dafür zahlten, dass die jungen Leute sie umgaben, ihren Rat einholten und sie beide auf charmant legere Art hofierten. Alle kamen gerne. Auch Tonio mit seiner rothaarigen Frau Sarah, einer skurrilen Sängerin, die in einem renommierten Jazz-Club am Main auftrat und nebenher in ihrer Wohnung exotische Tiere wie Wüstenfüchse, Vogelspinnen und Papageien hielt.

Tonio selbst versuchte sich mit einer kleinen Galerie, gründete einen Grafikring und hatte begonnen, sich in Frankfurt unter Insidern einen Namen als Kenner von Gegenwartskunst zu machen.

An diesem Abend, als Tonio aus dem Atelier von Bennos Frau Sonja eine Mappe mit Fotos holen wollte und eilig durch den schmalen Flur der Wohnung zurück zum Wohnzimmer ging, stieß er mit einem jungen Mädchen zusammen, das unerwartet aus einem der kleinen Zimmer auf den Flur getreten war, sodass die Mappe auf den Boden fiel und die Fotos herausrutschten. Entschuldigung, sagten beide gleichzeitig und begannen gemeinsam, die Fotos aufzusammeln. Wer sind Sie? fragte Tonio das Mädchen. Ich bin Bennos Schwester. Aha, und wie heißen Sie? Magda, antwortete sie einsilbig, wandte sich ab und ging vor, in das lärmige Zimmer zurück, in dem die anderen bereits auf Tonios Mappe warteten.

Im Laufe des Abends beobachtete Tonio, dass Magda, die sich in einer Ecke des Raums in einen der Poppsäcke gefläzt hatte, mit Kopfhörern versehen las, ohne auch nur einmal an der Unterhaltung im Raum Teil zu nehmen. Offenbar hörte sie andere Musik. Tonio fiel auf, dass auch ihr Bruder Benno sie nicht beachtete und nie in das gemeinsame Geschehen mit einbezog. Es war schon relativ spät am Abend, als Tonio aufstand, um sich Zigaretten aus dem Automaten zu holen. Aus einem plötzlichen Impuls heraus ging er zu dem Mädchen, sie blickte überrascht zu ihm auf, nahm die Kopfhörer ab und schaute ihn fragend an. Kommst du mit, ich muss mir Zigaretten kaufen? fragte er und duzte sie, als würde er sie lange schon kennen. Er war selbst etwas überrascht, als sie ohne zu zögern aufstand. Warum nicht. Sie verließen die Wohnung, ohne dass ihnen jemand Beachtung schenkte. Die Treppen sprang sie, mehrere Stufen auf einmal nehmend, vor ihm hinunter. Er ging langsamer hinter ihr her, sah ihre langen glatten Haare, die ihr über den schwarzen Pullover fielen, die schmalen Hüften in den engen Jeans. Am Ausgang wartete sie, lehnte sich gegen die geöffnete Haustür und hielt sie ihm so auf. Er legte ihr den Arm um die Schultern, und sie gingen die Straße mit rhythmischen Schritten entlang, als seien sie seit langem ein Paar. Beide sprachen nicht. Kurz vor dem Palmengarten blieben sie an dem Automaten stehen, Tonio zog sich ein Päckchen Roth-Händle. Möchtest du? bot er ihr eine Zigarette an. Rauchend gingen sie langsam die Straße zurück. Wo wohnst du? Ich lebe in Hamburg und bin während der Herbstferien hier zu Besuch. Morgen reise ich ab. Morgen?

Sie lachte. Als sie das Treppenhaus betraten, blieb Tonio stehen, die Tür fiel zu und keiner von beiden machte das Treppenhauslicht an. Sie erwiderte seine Küsse und seine Umarmung mit einer Leidenschaft, die ihn irritierte. Gab sie sich jedem so?

Als sie die hell erleuchtete Wohnung von Benno wieder betraten, ging sie raschen Schritts vor, hockte sich in ihren Sessel, setzte wieder die Kopfhörer auf und las weiter in ihrem Buch. Die ersten Gäste gingen. Du hast eine hübsche Schwester, sagte Tonio zu Benno. Sie ist sechzehn, ein Kind. Im Übrigen verwöhnt und altklug. Sie liest Sartre, seit sie hier ist, und kommt sich tragisch vor. Morgen reist sie wieder ab. Benno wandte sich wieder den andern Gästen zu.

Tonio ging durch den Raum, setzte sich vor Magda, nahm ihr die Kopfhörer ab und sah sie an. Du bist schön, sagte er leise. Schreibst du mir? Ja, aber nur weil du Tonio heißt. Tonio Kröger, verstehst du? ergänzte sie. Aber sicher, Lisaweta, lächelte er. Aber sicher verstehe ich dich, meine melancholische Freundin. Er schob eine Visitenkarte mit der Adresse seiner Galerie in ihr Buch, hauchte einen Kuss auf seinen Zeigefinger, legte ihn auf ihre Stirn, stand auf und ging auf den Flur, auf dem sich mittlerweile die anderen Freunde und auch seine Frau Sarah versammelt hatten, um zu gehen. Von Magda verabschiedete sich niemand. Sie war nicht weiter aufgefallen.

Zwei Wochen später erhielt sie postlagernd die erste Antwort auf ihren kurzen Brief. Meine O-wie-Schöne… begann ein Brief voller Witz und Esprit, voller erotischer Anspielungen. Magda ließ sich auf den Ton der Briefe ein. Sie jonglierte mit literarischen Anspielungen und gab sich ihrer noch unausgelebten erotischen Phantasie hin. Tonios Antworten ließen sein Entzücken über ihren intellektuellen Charme und ihre verbale Freizügigkeit merken. Die Briefe gingen hin und her, eskalierten und überboten sich. Er beschloss, sie zu besuchen. Sie verabredeten sich in einem Hotel. Meine O-wie-Schöne, ich kann es nicht erwarten…

Die Poesie ihrer Leidenschaft war verzaubernd. Aber dem Ziel nahe fürchtete Magda plötzlich die Realität, fürchtete das Hotel, die Trostlosigkeit eines tristen Zimmers, das Verlassensein danach. Ihr wurde bewusst, dass sie halb so alt war wie der Mann, mit dem sie flirtete, dass er verheiratet war, zudem ein Freund ihres Bruders. Sie bekam Angst vor der ach-so-ersehnten Begegnung, vor der Erfahrung des begehrten schönen Mannes, der ihrer Unberührtheit womöglich nicht gewachsen war.

Als sie den nächsten Brief vom Postamt abholte, hatte sie durch ihr Zögern erreicht, dass Tonio vergeblich in dem Hotel an dem kleinen Platz hinter der Post auf sie gewartet hatte. Er hatte sich drei Tage zuvor in einem Brief angekündigt. Als sie den Brief endlich las, war er schon wieder nach Frankfurt zurückgekehrt. Tonio hatte verstanden. Er schrieb noch einmal einen Brief, der nur aus einer Zeile bestand: Adieu, Lisaweta, meine O-wie-Schöne. Leb wohl. Tonio.

Leopardi

Als sie aufwachte, war es gegen Mittag. Die römische Wohnung, in der sie den Sommer verbrachten, hatte trotz oder vielleicht sogar wegen ihrer kahlen und spröden Möblierung den Reiz des Fremden, Südlichen. Sie war aus ihrem Leben ausgebrochen, und die Andersartigkeit der Umgebung, die ungewohnte sommerliche Hitze der Stadt, die sinnliche Trägheit, mit der sie und Bruno ihre Tage verbrachten, machten es ihr leicht, Ängste und Erinnerungen zu verdrängen.

Bruno schien ihr der Inbegriff dessen, was sie sich für ihre Zukunft gewünscht hatte. Es war eine ernste Leidenschaft ohne Alltag, endlose Gespräche über Literatur, zelebrierte Abendessen und Nächte ohne Schlaf.

Die unausgesprochene Hoffnung, miteinander auf eine ungebundene und unkonventionelle Art glücklich sein zu können, hatte sie nach monatelangem, qualvollem Ringen in dem Entschluss bestärkt, ihren Mann und ihr Kind zu verlassen, obwohl Bruno sie mit keinem Wort zu diesem Schritt ermutigt hatte. Er bewahrte einen Rest von Geheimnis, von Verschlossenheit, worin sie seinen eigensinnigen Willen erkannte, die persönliche Freiheit auf keinen Fall aufgeben, sich nicht verpflichten zu wollen. Es war ihr klar, dass er nicht verantwortlich sein wollte für ihre Trennung.

Bruno war nicht mehr im Zimmer. Sie hörte ihn im Bad. Der Steinboden war angenehm kühl unter ihren nackten Füßen, als sie zum Fenster ging, um die Holzläden ein wenig zu öffnen, nicht viel, gerade genug, um etwas Licht zu haben, aber die lastende Hitze der Stadt nicht in die Wohnung dringen zu lassen.

Sie setzte sich an den Schreibtisch vor dem Fenster und begann gedankenverloren in den Papieren zu lesen, die mit Brunos Schrift angefüllt offen auf dem Tisch lagen. Sie wusste, dass er Gedichte schrieb, aber nur noch sehr selten las er ihr das eine oder andere vor. Sie hatte sich gelegentlich kritisch geäußert, was den empfindlichen Bruno bewogen hatte, sich zurückzuziehen und ihr nur noch Texte zu zeigen, die ihrer Beziehung gewidmet waren.

Sie bedauerte, dass der fruchtbare Dialog abgebrochen war, und als sie neugierig begann, in den Blättern zu lesen, war sie sich ihrer Indiskretion wohl bewusst, aber die Hoffnung, von ihm mehr zu erfahren, von dem, was er ihr verbarg, besiegte ihre Skrupel.

O, anmutiger Mond… beschwerlich war mein Leben, und ist es noch und ändert sich nie… und das Leid dauert …

Die Resignation, die aus den Zeilen sprach, war so bitter und trostlos, dass sie fassungslos davon abließ, weiter zu lesen. … und ändert sich nie …

Betroffen erkannte sie, dass ihr Glück und ihre Liebe nicht übereinstimmten mit dem, was er für sie empfand. Wenn sie ehrlich zu sich war, wusste sie, dass er auch nie etwas anderes behauptet hatte. Zwar beteuerte er ihr seine Liebe, aber eben die, die er zu geben vermochte. Sie stand auf und empfand einen körperlichen Schmerz, der ihr den Atem nahm. Wie sollte sie ihm in die Augen sehen? Ihr erster Impuls war, die Läden wieder zu schließen.

Der Tag, der diesem Ereignis folgte, war qualvoll. In tiefe Melancholie gestürzt, wagte sie nicht zu erklären, woher ihre Trauer rührte, und versuchte in endlosen zermürbenden Gesprächen, Bruno zu Bekenntnissen zu drängen, aus denen seine mangelnde Liebe, seine Unfähigkeit, mit ihr glücklich werden zu können, hervorgehen sollten.

Bruno, der nichts verstand, flehte sie am Abend an abzureisen, zu ihrem Mann und ihrem Kind zurückzukehren. In der hysterischen Hartnäckigkeit, mit der sie an seiner Liebe zweifelte, glaubte er Angst und tiefe Unsicherheit zu erkennen und dass sie ihren Schritt, sich von der Familie zu trennen, bereute.

Erschöpft von den bohrenden Fragen, die er nicht beantworten konnte, von dem unbegreiflichen Wandel ihrer Stimmung verletzt, zog sich Bruno in ein anderes Zimmer zurück und schlief ein.

Sie lag schlaflos mit offenen Augen, hörte wie die Stadt langsam erwachte, die Straßenkehrer, die Müllabfuhr, die ersten Autos. Als es Tag war, wusste sie, dass sie keine Wahl mehr hatte. Ihre Entscheidung war längst gefallen, die schmerzliche Trennung vollzogen, es gab kein Zurück mehr. Es ging nur noch um die Gegenwart, die sie für sich selbst gewollt hatte. Brunos ureigenste Empfindungen, die ihr noch gestern die Basis ihrer Liebe schienen, waren nicht wichtig. Sie stand auf, duschte, schminkte sich und bereitete den Kaffee. Sie erwähnte den vergangenen Tag mit keinem Wort und geduldete sich, bis Bruno im Laufe der Zeit seine Zuversicht zurück gewonnen hatte.

Zwei Jahre später überreichte er ihr ein Bändchen mit der Übersetzung von einigen Gedichten des italienischen Dichters Giacomo Leopardi, an der er – ohne davon zu sprechen – seit langem gearbeitet hatte. Eines der schönsten Gedichte lautete: A la luna: O, anmutiger Mond… beschwerlich war mein Leben, und ist es noch und ändert sich nie… und das Leid dauert …

Ein Abend am Kamin

Als Uwe in die Küche ging, um Spiegeleier zu braten, war es bereits nach Mitternacht. Miriams Bruder hatte das kleine Haus am See vor einigen Jahren als Wochenendhaus bauen lassen. Der große Raum mit dem Kamin lag etwas vertieft und öffnete sich seitlich durch ein bis auf den Boden reichendes Fenster zum See. Außer diesem Raum gab es nur zwei winzige Schlafzimmer, jeweils mit einem französischen Bett und einem Tischchen vor dem Fenster, die winzige Küche und ein holzgetäfeltes, ländliches Bad. Aber es war alles anders gekommen. Uwe hatte die Stelle in Frankfurt verloren, und aus dem Wochenendhäuschen war ein Wohnsitz geworden.

Miriam sah in das Feuer. Aus der Küche drang der Geruch von Speck und Eiern. Sie nahm ihr Glas, stand auf, schob die Glastüren auseinander und trat in den Garten. Die Nacht war dunkel, man konnte den See unterhalb der Wiese kaum erkennen. Die Luft war feucht und kühl. Das kleine Haus mit seinen hell erleuchteten Fenstern, der Geruch nach Essen, die intensiven Gespräche zwischen ihr und ihrem Bruder gaben ihr ein Gefühl von Glück und Geborgenheit.

Es schien ihr, als seien sie sich nahe gekommen an diesem Abend. Uwe hatte ihr sein Leid geklagt, die namenlose Enttäuschung über die Kündigung der Frankfurter Firma, die Kränkung durch belanglose Aufgaben in der weit weniger anspruchsvollen Stelle jetzt in München und vor allem die Angst, dass seine Frau Inga womöglich in Frankfurt bliebe, dass die Idylle hier am See ihr im Grunde zuwider sei. Wohnte er doch schon fast ein Jahr hier, und sie kam nicht. Nicht einmal am Wochenende oder nur sehr gelegentlich. So fuhr Uwe nahezu jeden Freitag nach Frankfurt, dieses Wochenende war er hier geblieben.

Miriam hatte beruflich in München zu tun, hatte sein Büro angeschaut und vorgeschlagen, das Wochenende bei ihrem Bruder am See zu verbringen. Es zog sie nicht nach Hause. Ihre Ehe war am Ende. Sie hatte sich zur Trennung entschlossen, fand aber noch nicht den Mut auszuziehen. Ihr Bruder wusste nichts von ihren Problemen, hatte sich – so schien es ihr – niemals für ihr Leben und ihre Ehe interessiert. Jetzt, in dieser Nacht am Kamin, als in der Wärme des Feuers mit dem enthemmenden Wein eine ungeahnte Vertrautheit zwischen den Geschwistern entstand, hatte auch sie begonnen, ihm zu erzählen.

Fröstelnd trat sie wieder in das Zimmer, schloss die Glastüren und ging dem Bruder entgegen, der ein volles Tablett mit Spiegeleiern und Speck trug. Sie aßen schweigend mit den Tellern auf den Knien. Das Gespräch war ins Stocken geraten, die Unterbrechung hatte die Stimmung verändert. Sie hatten einander zu viel anvertraut. Die ungewohnte Nähe begann, sie unsicher zu machen.

Miriam schwieg. Möchtest du einen Wodka? Miriam verneinte. Uwe goss sich einen ein, stürzte das Glas herunter und trank sofort das nächste. Sie überlegte, ob sie ihn bitten sollte, es dabei zu belassen, wusste aber im selben Moment, wie sinnlos es wäre.

Als Uwe das Gespräch wieder aufnahm, lallte er. Theatralisch begann er seiner jüngeren Schwester Ratschläge zu erteilen, wie er das auch sonst bei jeder Gelegenheit getan hatte. Sie wende sich immer dem falschen Typ von Männern zu. Du willst immer Intellektuelle. Such doch endlich mal nach einem Mann, der Erfolg hat. Wie ich, sagte er, lachte hysterisch und schlug seiner Schwester auf den Schenkel. Sei nicht traurig, es kommt immer wieder etwas Neues, Schwesterchen.

Ihr wurde unbehaglich. Die Eier lagen ihr im Magen, aber sie konnte sich nicht entschließen, auch einen Schnaps zu trinken. Ich glaube, ich gehe jetzt schlafen, sagte sie.

Komm, küss mich zur guten Nacht, Miriam. Er umarmte sie schwankend, drängte sich an sie und küsste sie auf den Mund. Lass das, sie schob ihn zurück, stand auf und ging die Stufen nach oben, um in Ingas Schlafzimmer zu gehen. Sie schloss die Tür und sah, dass man nicht abschließen konnte.

Angezogen kauerte sie sich auf das Bett und hörte ihren Bruder lärmend und seufzend im Nebenzimmer. Als sie dachte, er sei eingeschlafen, klopfte es an ihre Tür. Miriam, bitte komm zu mir. Miriam, komm. Bitte! Als sie nicht antwortete, öffnete er die Tür jedoch nicht, sondern ging in sein Zimmer zurück.

Sie blieb die ganze Nacht angezogen auf dem Bett sitzen, starrte durch das schmale Fenster auf den See hinter der Wiese und versuchte, wach zu bleiben. Am nächsten Morgen verabschiedeten sich die Geschwister kühl voneinander. Der Abend wurde nie wieder erwähnt. Inga zog irgendwann in das

Dorf am See, und Miriam trennte sich von ihrem Mann. Die Beziehung zwischen den Geschwistern zerbrach ein paar Jahre später endgültig.

Bonne Année

Sie hatten im Coupole gegessen. Um Mitternacht hatte, für Pariser Restaurants typisch, das neue Jahr ohne große Aufmerksamkeit begonnen. Sie hatten sich mit Champagner zugeprostet, mit formvollendeten guten Wünschen ein paar Wangenküsse getauscht. Ihre Pariser Freunde sollten nicht wissen, dass ihre Beziehung zu Ende war. Wozu, das geht doch niemanden etwas an, war sein Argument. Sie hatte sich noch etwas erhofft von dieser lang geplanten Reise, die nur aus Gründen der Diskretion nicht abgesagt worden war, von dem So-tun-als-ob, von den Erinnerungen an frühere Reisen in diese Stadt.

Es war anders gekommen, die bunte Vergangenheit ihrer Liebe zeigte nur umso deutlicher die Unerträglichkeit der Gegenwart, die Kälte seiner höflichen Gleichgültigkeit.

Die Luft war eiskalt, als sie das Lokal verließen, aber die Straßen im Quartier Latin waren voller Menschen. Auf dem Boulevard St. Michel strömten sie in Gruppen, manche hatten Gläser in der Hand, es war laut von Gelächter und brodelnder Heiterkeit. Bonne Année, rief man sich lachend zu. Auch sie ließen sich von dem Strom den Boulevard entlang treiben. Ihre Freunde, wie immer harmonisch, aber ein wenig förmlich, gingen eingehakt vorweg, eher mit Wohlwollen lächelnd als angesteckt durch den Übermut der Pariser, sie beide gingen nebeneinander wie Fremde, ohne sich zu berühren. Die Fröhlichkeit der fremden Menschen verstärkte ihr Gefühl von Verlassenheit, sie kämpfte mit den Tränen.

In dem Gewühl kreuzte eine Gruppe junger Leute unachtsam ihren Weg, sodass sie einem Mann ausweichen musste. Ein paar Mal machten beide Schritte nach links und rechts, aber – wie es in solchen Situationen geschieht – gingen beide immer zur gleichen Seite, bis sie schließlich stehen blieben. Der Fremde lachte sie an: Bonne Année. Sie erwiderte seinen Blick, ohne zu antworten. Spontan umarmte der Fremde sie mit beiden Armen und küsste sie auf den Mund. Sie erwiderte den Kuss, als würden sie sich lange kennen. Ebenso plötzlich ließen sie einander los. Bonne Année, ma Petite, sagte der Fremde. Er hatte graue Augen und sehr dunkle Wimpern. Bon Année, antwortete sie lachend, wandte sich ab von ihm und ging weiter in ihre Richtung.

Ihre Freunde waren stehengeblieben. Na, na, sagte die Freundin mit bemühtem Humor, während ihr Mann so schaute, als habe er nichts gesehen. Du vergisst dich, zischte ihr Freund. Im Gegenteil, antwortete sie und wusste plötzlich, es wird ein gutes Jahr werden.

Am Schalter

Der dicke Mann hinter dem Schalter Nummer Vier war jung, er trug am linken Ohr einen kleinen Ring, der die Unförmigkeit seines großen Körpers noch grotesker wirken ließ. Man sah ihm die Mühe an, die es bedeutet hatte, von seinem Schreibtisch aufzustehen, um die alte Griechin in ihrem schmuddeligen kurzen Kleid zu bedienen. Schalter Nummer Vier. Dreiundsechzig, sagte sie laut und rollte das R dabei, wie um sicher zu gehen, dass sie richtig sei, dass sie einen Anspruch hatte, bedient zu werden. Dreiundsechzig, wiederholte sie noch einmal laut, wie schwerhörige Menschen es zu tun pflegen, und zeigte dem jungen Mann das Märkchen, das sie zuvor im Warteraum des Meldeamtes gezogen hatte. Ja, sagte der junge Mann, und schaute auf das Märkchen. Ja. Ermutigt schob sie ihm einen Antrag für irgendetwas zu. Der junge Mann schaute auf den Antrag und sagt wieder. Ja. Ja, aber sie müssen mir eine Verdienstbescheinigung bringen. Bitte, was? Eine Verdienstbescheinigung, einen Nachweis darüber, wie viel sie verdienen, antwortete der junge Mann mit einer müden Stimme, als erschöpfe jedes Wort seinen dicken Körper bis an die Grenzen seiner Kraft. Die alte Frau begann schweigend in ihrer Tasche zu wühlen. Ja, sie müssen mir nachweisen, wie viel Geld sie verdienen, versuchte er es mit anderen Worten. Sie schaute fragend auf. Ich schon dreimal hier, sagte sie zögernd, schon dreimal und rollte dabei wieder lang und vielsagend das R. Ich krank, aber immer Arbeit, schon lang immer Arbeit. Und nach einer Pause, noch lauter als zuvor, aber diesmal mit Nachdruck und einem Anflug von Stolz: Daimler, bei Daimler. Ja, sagte der Mann mit dem kleinen Ohrring. Aber ich muss wissen, wie viel Sie verdienen. O, ja. Sie hatte verstanden und wühlte erneut in ihrer großen Tasche, die mehr eine Einkaufstasche als eine Handtasche war, und förderte eine Unmenge an Papier zu Tage. Ungefragt begann der junge Mann in den Papieren zu suchen. Da haben Sie ja Kontoauszüge, sagte er. Ja, rief die Alte laut, hoffnungsvoll, da meine Geld von Daimler, siehst du, ich immer Arbeit. Daimler. Ja, sagte der junge Mann, und betrachtete den Kontoauszug. Aber das sind nur 1350 Euro. Das viel Geld, du junge Mann. Ja, ja, aber sie müssen 1500 haben, sonst kann ich ihnen die Bescheinigung nicht ausstellen. Warum du sehen, da viele Geld. Ja. Aber das sind 150 zu wenig für die Genehmigung. Das nicht so viele. 1350 das viele Geld. Ja, das ist viel Geld. Ja, aber es fehlen 150 Euro. 150 Euro sind auch viel Geld, und woher weiß ich denn, ob das Ihr Gehalt ist? Vielleicht war das eine Einmalzahlung. Was? Eine was? Vielleicht haben Sie ja nur einmal Geld bekommen. Junge Mann, ich arbeiten Daimler. Lange und ich alt und krank. Meine Beine.

Haben Sie vielleicht noch ein paar mehr Kontoauszüge? Mehr? Ja, von anderen Monaten, dann kann ich vielleicht einfach den Antrag ausstellen, sagte der junge Mann erschöpft, müde und mit einer Mischung aus Mitleid und Verzweiflung. Dann sehe ich, ob Sie jeden Monat so viel Geld bekommen. Ich alt und krank, kann ich nicht noch einmal gehen. Bitte, junge Mann. Bitte nur diese Antrag.

Es geht nicht, Sie machen es mir aber auch schwer. Ich bin nicht befugt, so was zu entscheiden, sagte er jetzt lauter, fast so laut wie sie, als hoffe er, die alte Frau von seinem Problem zu überzeugen. Sie hörte nur, dass er nicht zufrieden war mit dem, was sie mitgebracht hatte. Schauen Sie doch noch mal zu Hause nach. Ich krank. Meine Beine und alt. Schon dreimal. Bitte, junge Mann. Du glauben bitte, ich Arbeit und 1350 Euro, da gucken.

Der dicke junge Mann hatte Schweißperlen auf der Stirn. Hilflos schaute er auf die Papiere, die verstreut auf dem Thresen lagen. Die alte Frau wühlte wieder in ihrer Tasche. Ich muss weitermachen, sagte der junge Mann und schaute durch die Glastür auf die Warteschlange, die davor stand. An Schalter Zwei waren inzwischen fünf Leute bedient worden. Seine Kollegin schaute spöttisch zu ihm herüber und überschlug sich vor Freundlichkeit bei der Bedienung ihrer Kunden… Wie um mich zu strafen, dass ich nicht vorwärts komme, dachte der junge Mann… Sonst war diese Kollegin eher abweisend und desinteressiert an ihren Kunden. Einen Gefallen tat sie normalerweise niemandem, weil sie so pflichtbewusst war. So gerecht.

Sie müssen jetzt gehen, raffte der junge Mann sich auf, mit strengem Ton. Ich alt, antwortete die Griechin leiser als bisher und schaute ihn flehend an, bitte. Es geht nicht, ich bin nicht befugt… Er wusste, dass sie nicht wusste, was das bedeutet. Es tat ihm leid, aber er konnte nicht. Die Alte schaute auf und verstand ihn. Sie packte ihre Zettel und Papiere in die große Tasche, wandte sich um und schlurfte grußlos an der Warteschlange vorbei dem Ausgang zu.

Bus 69

Sie fährt die Strecke täglich abends gegen fünf. Klein, zierlich und wackelig auf den Beinen steht sie nach der Anstrengung des Einsteigens am Eingang des Busses und hält sich mit beiden Händen an der Stange fest. Dabei lässt sie ihren Stock nicht los, der bei jeder Kurve gefährlich zur Seite ausschlägt. Spätestens jetzt wird irgendeiner der Fahrgäste auf sie aufmerksam, bietet ihr helfend den Arm, steht auf, um ihr seinen Sitzplatz anzubieten.

Sie jedoch schaut energisch und ein wenig starr geradeaus, antwortet barsch und unhöflich, wedelt drohend mit dem Stock und wankt ein paar Schritte weiter nach vorn zu dem Platz, der durch das Schildchen ‚besoin d' asseyez' vorgesehen ist für Menschen, die einen Sitzplatz benötigen. Stets besteht sie auf diesem Platz, gleichgültig, ob ein anderer – näher am Eingang – frei für sie wäre.

Sobald sie sitzt, nimmt sie eine damenhafte Haltung an, sehr gerade, die Beine eng nebeneinander, den Stock vor sich, fest zwischen die Knie gepresst. Trotz ihres Alters ist sie – wie die meisten Französinnen – sorgfältig geschminkt: ein etwas zu blasses Make-up, die schmalen Lippen zu rot und leuchtend. Im Sommer und Winter trägt sie ein kariertes Stoffjackett, das einmal elegant war. Kaum dass sie ihren Platz eingenommen hat, wendet sie sich an ihr Gegenüber. Gestern fragte sie ein verblüfftes junges Mädchen, warum sie ihren Mund so komisch verziehen würde, und schnitt dann fürchterliche Grimassen. Das Mädchen lachte verwirrt.

Die alte Dame grimassierte und redete weiter über dies und jenes. Zumeist sind ihre kurzen Fragen und Bemerkungen auf Dinge bezogen, die sie gerade sieht, auf den Regen, den Verkehr oder vor allem auf irgendetwas, was ihr gerade missfällt.

Nach einer Weile steht sie auf und fragt, unruhig um sich schauend, ob wir schon am Boulevard Voltaire sind. Ohne die Antwort abzuwarten, versucht sie, aufzustehen. Jedes Mal wird ihr umgehend freundliche Hilfe zu teil, dann beschimpft sie die Mitfühlenden und setzt sich wieder. Das Gleiche wiederholt sich zwei, dreimal. Da in dem Bus, außer dem täglichen Berufsverkehr, immer wieder auch fremde Gäste fahren, hat sie jedes Mal Erfolg. Aber stets wiederholt sie ihr Spiel zu oft, bis alle Fahrgäste – halb amüsiert, halb mitleidig – nicht mehr reagieren.

Am Chemin Vert schließlich steigt sie aus, gibt sich behände, stolpert auf die Mitteltür zu, hält sich am Seitengriff fest und schwingt sich beherzt in einem Halbkreis die zwei Stufen hinunter. Auf der Straße bleibt sie ruckartig stehen, wohl überrascht, dass sie nicht gestürzt ist. Da steht sie, mit beiden Händen auf ihren Stock gestützt, und ist plötzlich wieder klein, hilflos und sehr allein. Wenn der Bus weiter fährt, steht sie immer noch da und denkt wohl darüber nach, wie sie jetzt weiter gehen muss. Irgendein Ziel wird sie haben, jeden Abend.

Von Klagenfurt nach Salzburg

Die ersten Waggons waren alle besetzt. Ich zog meinen Koffer hinter mir her und gab die Hoffnung nicht auf, einen Platz in einem leeren Nichtraucherabteil zu finden. Ich war müde und hatte keine Lust auf Gespräche. Wie so oft waren tatsächlich die hinteren Wagen fast leer. Als ich schließlich die Tür zu einem Abteil aufzog, in dem nur eine schwarz gekleidete alte Frau saß, grüßte ich kurz und nahm ohne Interesse ihren unfreundlich finsteren Blick wahr. Egal, sie wird mich in Ruhe lassen, dachte ich, setzte mich ans Fenster und versuchte, mich an der verschneiten Landschaft Kärntens zu erfreuen. Der Zug fuhr den zugefrorenen Wörthersee entlang, auf dem ich tags zuvor spazieren gegangen war und mich der heiteren Brueghel-Stimmung erfreut hatte: Schlittschuhläufer, die Hand in Hand in weichen Schwüngen über den großen See glitten, bunt vermummte Kinder, die auf Holzschlitten von ihren Müttern gezogen wurden, Gruppen von jungen Leuten, die mitten im See auf Bänken saßen und Glühwein tranken…

Während gestern die rote Abendsonne den See in ein magisches Dämmerlicht versetzt hatte, flimmerte die helle Wintersonne jetzt auf dem Eis und blendete, sodass im schnellen Vorbeifahren des Zuges die vielen Menschen auf dem See nur noch als kleine, graue Flecken zu erkennen waren.

Angestrengt versuchten meine Augen, das Bild klarer einzufangen, aber das Weiß blendete mich, und so schaute ich schließlich auf meine Mitreisende. Immer noch saß sie unverändert etwas schief auf ihrem Sitz, als lohne es sich nicht, sich bequem zurück zu lehnen, als wolle sie gleich wieder aufspringen, um auszusteigen. So starr und verkrampft ihr Körper wirkte, so unruhig fummelten ihre Hände an dem Zugbegleiter, dem Faltblättchen des Zuges, auf dem die einzelnen Stationen geschrieben stehen. Mit beiden Händen hielt sie es fest, wie um zu verhindern, dass es ihr jemand weg nimmt.

Sie schien meinen neugierigen Blick nicht zu bemerken. Ihr kleines, altes Gesicht war blass, ungeschminkt und müde, als habe sie wenig oder schlecht geschlafen. Auf dem Kopf trug sie eine unförmige große Pelzmütze, unter der ein paar dünne nicht sehr gepflegte Haarsträhnen hervorschauten. Ihr schwarzer Pullover, aus billigem synthetischem Material, war mit ein paar symmetrischen Strassmustern verziert, die ablenkten von den Fuseln und den Schuppen, die auf den Schultern lagen. Wie ein Schulmädchen hatte sie die Beine, die in einer schwarzen Jerseyhose steckten, nebeneinander gestellt. Die Schuhe, ebenfalls schwarz, waren ausgetreten und hatten vermutlich schiefe Absätze.

Der Anblick der düsteren, ungepflegten Frau war mir unangenehm. Ich versuchte, mich wieder auf die Schneelandschaft zu konzentrieren. Aber meine Stimmung, vielleicht weil ich selbst erschöpft und müde war, hatte sich verdüstert, und plötzlich bemerkte ich, wie verdreckt die Scheiben des Zuges waren, wie grau der Schnee durch sie aussah, wie sehr mein Blick und meine Aussicht getrübt waren.

Da ging die Tür auf, und eine bunte Wienerin plumpste in unser Abteil. Ohne Umschweife begann sie, mit mir zu plaudern, war einfach sympathisch und okkupierend. Nichts hatte ich weniger gewollt, und doch ging ich – im Gegensatz zu meinem schwarzen Gegenüber – willig auf ihr Geplapper ein, um den Schatten, der sich auf meine Seele gelegt hatte, zu vertreiben. Das Vergnügen war kurz. In Bad Gastein stieg der Schmetterling aus, um zur Tochter, ‚die nicht kochen kann', zum Mittagessen zu gehen, wie sie berichtete.

Energisch schob sie die Tür wieder zu, winkte mit einem violetten Handschuh zum Abschied. Und die Stille im Abteil des Zuges, der langsam wieder anfuhr und in seinem ruhigen Rhythmus dahin ratterte, war durch die lautstarke Unterbrechung lastend geworden.

Ich habe so große Sorgen, sagte die schwarze Frau ganz unerwartet in diese Stille, so als müsse sie sich entschuldigen, dass sie nicht an dem Geplapper teilgenommen hatte.

Erstaunt sah ich sie an. Mein Freund, er hat einen Anfall bekommen, ich weiß nicht, wie heißt das noch mal. Er ist bewusstlos, und er spricht nicht, und er kann sich nicht bewegen. Ich fahre jetzt zu ihm. Wissen Sie, er war meine erste große Liebe, ich war ganz jung, und nach drei Jahren haben wir uns getrennt, leider. Ja.

Und vor zehn Jahren hat er mir eine Postkarte geschrieben, er hätte mich gerne wiedergesehen, er sei Witwer geworden, und ob ich vielleicht auch alleine sei. Ja, und dann kam er.

Wissen Sie, mein Mann ist schon dreißig Jahre tot. Er war unheilbar krank. Er war Alkoholiker. Nein, glücklich war ich nicht, aber ich habe eine

Tochter und einen Sohn. Kinder sind schön, aber das ist etwas ganz anderes. Kinder können einen Partner nicht ersetzen.

Ich fahre jetzt zu ihm. Er tut mir so leid, und jetzt ist er im Krankenhaus. Wir sind immer gependelt. Mal kam er zu mir nach Klagenfurt, ich habe immer in Klagenfurt gelebt. Oder ich bin nach Salzburg gefahren. Dieses Wochenende wollte er kommen. Eigentlich wollte er schon vor ein paar Tagen kommen. Aber, wissen Sie, er hat sich ein neues Auto bestellt, darauf hat er sich so gefreut, und das kam nicht. Aber am Mittwoch, abends um sechs, da haben wir telefoniert und da hatte er das Auto bekommen. Er hat sich so darüber gefreut. Und jetzt kann er das Auto gar nicht gebrauchen. Meinen Sie, er kann dann doch damit wieder fahren?

Wir haben immer so schöne Reisen gemacht. Nach Mallorca oder nach Jesolo. Im Herbst wollen wir nach Jesolo. Bis dahin kann er doch wieder fahren, was meinen Sie? Wir waren sogar einmal auf Rhodos. Aber nach Griechenland fahren wir nie wieder. Da ist das Essen nicht gut.

In Salzburg holt mich seine Schwiegertochter ab. Sein Sohn hat ihn gefunden. Der musste erst den Schlosser holen, weil er den Schlüssel drinnen stecken hatte. Ich mache das nie, ich ziehe den immer wieder halb raus, wissen Sie, dann kann man von außen in die Tür.

Jetzt hat der Zug schon vier Minuten Verspätung. In Klagenfurt ist er schon mit zwei Minuten Verspätung angefahren. Wie heißt das noch mal, was mein Freund hat? Schlaganfall? Ich bin ganz durcheinander, wissen Sie. Er tut mir so leid. Mein Kamerad.

Ich hab um zehn vor sieben angerufen, da ist er nicht dran gegangen, dann habe ich es immer wieder probiert, aber er ist nicht ans Telefon gegangen. Ich habe gedacht, er ist im oberen Stock, da wohnt ein Mann, der ist sein Freund, den mag er sehr. Da ist er nämlich manchmal, wissen Sie. Und da habe ich gedacht, vielleicht ist er oben bei ihm. Um zehn habe ich dann nicht mehr angerufen. Weil ich dachte, vielleicht schläft er.

Ach, er tut mir so leid. Er kann nicht sprechen und er kann sich auch gar nicht bewegen. Sein Sohn sagt, er liegt da mit geschlossenen Augen. Ich will jetzt jeden Tag zu ihm gehen. Meinen Sie, dass er das merkt, wenn ich mit ihm rede? Ich will ganz lange im Krankenhaus bleiben und viel mit ihm reden. Meinen Sie, dass ich das darf? Dass die mich lassen?

Ich hab am nächsten Morgen immer wieder angerufen. Und um drei habe ich dann seinen Sohn angerufen und habe gesagt, du, da stimmt etwas nicht, geh mal zu deinem Vater. Und dann kam sein Sohn gar nicht in die Tür, obwohl er einen Schlüssel hat. Von drinnen steckte ein Schlüssel. Er hatte von innen abgeschlossen, ja. Er tut mir so leid. Er lag im Wohnzimmer auf dem Boden, bewusstlos. Das muss zwischen sechs und zehn vor sieben passiert sein.

Jetzt hat der Zug fünf Minuten Verspätung. Was meinen Sie, wie lange ist man denn im Krankenhaus mit einem Schlaganfall?

Das kann man schwer sagen, es ist so unterschiedlich, antwortete ich ihr. Aber heute Nachmittag wird es nicht leicht für Sie, sicher schwerer als für ihn. Sie sollten heute Abend nicht allein bleiben. Gehen Sie doch mit zu seinem Sohn. Es ist nicht gut, wenn Sie heute Abend allein sind, redete ich hilflos auf sie ein.

Ja. Aber die wohnen so weit weg. Ich wohne jetzt in seiner Wohnung, da bleibe ich. Ganz lange, bis alles wieder gut ist. Der Zug hat schon acht Minuten Verspätung, sehen Sie, er müsste eigentlich schon in Salzburg Süd sein. Er hatte schon in Klagenfurt zwei Minuten Verspätung.

Sie können ja heute Abend zu dem Nachbarn gehen, der über ihrem Freund wohnt, versuchte ich es noch einmal. Sie sollten heute Abend nicht allein bleiben.

Aus dem Lautsprecher kam die blecherne Stimme des Schaffners, der Salzburg Hauptbahnhof ankündigte. Die schwarze Frau stand hastig auf und zog sich ein blaues, kurzes Mäntelchen über.

Ja, Sie haben Recht, ich werde zu seinem Freund gehen, er weiß ja vielleicht noch gar nichts. Ja, das mach ich. Man muss reden. Ja, da haben Sie wirklich recht, ich werde zu ihm gehen und ihm alles erzählen, das mit Mittwochabend. Ach, er tut mir so leid.

Ich half ihr den Koffer auf den Gang zu stellen. Bevor sie ihn nahm, griff sie mit beiden Händen meine rechte Hand, umklammerte sie fest und schaute mich schweigend an. Alles Gute, sagte ich, viel Mut. Ich denke an Sie. Sie ließ meine Hand schweigend los und griff ihren Rollkoffer. Am Ende des Ganges wandte sie sich noch einmal zu mir um. Er tut mir so leid, wissen Sie. Mein Kamerad.

Ich setzte mich wieder und schaute aus dem Fenster, ob ich sie noch einmal sehen würde, vielleicht wie sie die Schwiegertochter ihres Freundes begrüßte. Aber der Zug fuhr an, rollte den Bahnsteig entlang, und ich erkannte niemanden hinter der verdreckten Scheibe.

Im ‚Anker' auf der Reeperbahn

Das kleine Lokal in der Davidstraße empfehlen Hamburger Taxifahrer, wenn sie bemerken, dass ihre Fahrgäste die Reeperbahn kennen lernen wollen, ohne genau zu wissen, was sie dort eigentlich suchen. Sie wollen einfach auch da gewesen sein, möchten mit Oh und Ach erzählen können, möchten einen Blick auf das Verruchte werfen, ohne ihm zu nahe zu kommen, möglichst dekorativ soll es sein, möglichst schlimm, aber nicht weh tun. Weder dem Portemonnaie, noch womöglich der eigenen Befindlichkeit. Man möchte natürlich keinen billigen Sex, sondern nur ein bisschen gucken, man will auch nicht in eine Schlägerei gezogen werden und das Elend, das sich hinter den bunten Kneipen verbirgt, das Verbrechen, das hier – manchmal billig und banal, manchmal grob und gefährlich – sein Zuhause hat, das möchte man ahnen, aber wie im Kino nur von Weitem sehen. Taxifahrer haben einen guten Blick für ihre Gäste. Sie kennen die Bordelle, wissen, an welchen Ecken welche Nutten stehen, wissen, wo man Stoff bekommt, wo es billigen und wo raffinierten Strip zu sehen gibt, wo Schwulenlokale und Kneipen mit Transvestiten sind. Die meisten Fremden aber suchen das andere Leben in Bonbonverpackung, das Gegenbild zu ihrem Spießerdasein ohne Ärger und für wenig Geld.

Der Anker bietet sich an. Wenige Schritte von der Herbertstraße ist dort immer ‚was los'. Kunden aller Art strömen in das kleine Lokal, trinken ein Bier und ziehen weiter auf der Suche nach dem

Abenteuer, trinken sich Mut an, um in die Herbertstraße zu gehen, oder trösten sich, wenn sie unverrichteter Dinge wieder herauskommen. Die Davidswache ist nah, Polizei präsent an jeder Ecke, sodass Schlägereien, wenn es dazu überhaupt kommt, ein rasches Ende finden.

Die Ankerwirtin ist eine kräftige, recht hübsche Blondine Ende Fünfzig, der man ansieht, dass sie ihre Kneipe im Griff hat. Freundlich und energisch bedient sie, scherzt wohlwollend über den Thresen mit allen Kunden und vermittelt deutlich, dass hier nur geschieht, was sie zulässt. An den wenigen Tischen sitzen die Zufallsgäste, während die Hocker an der Bar Abend für Abend mit mehr oder weniger denselben Stammgästen besetzt sind. Da sind die beiden jungen Huren aus Polen, die hier warten, bis das Geschäft sich draußen zu lohnen beginnt, ab elf Uhr kommt die dicke Gerda vom Getränkegroßhandel um die Ecke, neben sie setzt sich stets Freddy, der Tankwart aus der Georgstraße, ein abgewiesener Verehrer der schmalen Wirtstochter, die so ganz anders als ihre Mutter den Flair einer Hamburger Bürgerstochter hat. Cool und professionell bedient sie, lächelt immer gleich freundlich und unverbindlich. Ihr Verehrer trinkt einen Korn nach dem anderen, bis seine Flamme ihn einfach nicht mehr bedient und er – zu Gerdas Enttäuschung – mit weinerlichem Gesicht allein nach Haus wankt.

Ja, und schließlich ist da auch Oma Fitje. Oma Fitje hat seit endlosen Zeiten eine kleine Zweizimmer-Wohnung in der Großen Freiheit. Am Türschild steht Fitje. So heiß' ich aber nicht, hat sie gesagt, ich heiß Ulla. Und weiter? Weiter nix. Ich heiß Ulla. Das war, als die Ankerwirtin Oma Fitje das erste Mal an einem Morgen gegen fünf Uhr sturzbetrunken nach Hause begleitet hat. Den Weg hätte Oma Fitje noch gefunden, aber gehen konnte sie nicht mehr ohne den kräftigen Arm der Ankerwirtin.

Seitdem ist Oma Fitje jeden Abend im Anker zu Gast. Sie kommt gegen zehn Uhr, wenn der Betrieb los geht, dann schwingt sie sich beherzt auf den Barhocker ganz rechts an der Theke, gleich neben dem Eingang, und bestellt ihr erstes großes Bier. Sie trinkt nur Bier. Sehr langsam, eines nach dem anderen und zahlt auch immer jedes einzeln. Sie trinkt und zahlt. Muss aber nicht sein, kann man doch am Schluss machen. Nein, sagt Oma Fitje, was sein muss, muss sein. Dann nimmt sie ihr blaues Lederhandtäschchen, das sie den ganzen Abend vor sich auf dem Thresen thronen hat, wühlt mit unsicheren Bewegungen, bis sie ein kleines Knips-Portemonnaie findet, das sie sorgsam vor sich legt, und fischt mit spitzen Fingern das Geld für ihr Bier heraus.

Je später der Abend, desto langsamer werden ihre Bewegungen, desto länger wühlt sie in der blauen Tasche, fummelt sie in ihrem Portemonnaie und schiebt mit zunehmend zittrigen Bewegungen die Münzen vor sich auf dem Tisch hin und her.

Oma Fitje ist klein und zierlich, ihr inzwischen schneeweißes glattes Haar immer ordentlich geschnitten, geschminkt ist sie kaum, aber Lippenstift, das scheint ihr wichtig. Nach jedem Bier zieht sie sich die Lippen mit einem hellen rosafarbenen Lippenstift nach. Gekleidet ist sie immer gleich: ein dunkelblaues Kostüm, das bessere Zeiten gesehen hat, dazu eine weiße Bluse, erstaunlich sauber und gepflegt. Ich bügle gern, hat sie irgendwann einmal erzählt. Sie spricht wenig, dafür singt sie vor sich hin, trällert die ewig gleichen Songs aus der Musicbox hingebungsvoll mit und wenn sie erst einmal ihre drei, vier Biere getrunken hat, pfeift sie mit Vorliebe. Das heißt, sie pfeift eigentlich nicht richtig, sondern sie spitzt den Mund, wankt mit dem Oberkörper hin und her und lächelt verzückt, wenn ihr ein Pfeiftönchen gelingt. Dann rollt sie mit den Augen und versucht damenhaft, den Eindruck vollkommener Beherrschung zu vermitteln.

Wenn Freddy oder andere Stammgäste ihr kleine Komplimente machen, lacht sie kokett, neigt sich gefährlich weit zur Seite, flüstert ihrem Kavalier etwas ins Ohr, um dann leise summend mit geziert gespreizten Fingern wieder nach ihrem Bierglas zu greifen.

So geht es jeden Abend bis zum frühen Morgen. Die Ankerwirtin weiß immer, wann es so weit ist, dann blickt sie zu ihrer Tochter hinüber, gemeinsam helfen sie Oma Fitje vom Barhocker – und immer findet sich jemand, der sie die paar Schritte um die Ecke in ihre Wohnung bringt.

Am Meer

Seit Wochen ist das Meer unruhig, der Himmel bleibt grau, und es regnet täglich. In Guenolais sind kaum mehr Touristen. Doris steht mit dem Rücken gegen die Tür ihrer kleinen Kneipe gelehnt und schaut über den Parkplatz hinweg auf das tobende Meer. Der hagere Engländer, der sich seit Monaten in einem der grauen Steinhäuser eingemietet hat, die so dicht am Meer stehen, dass die Gischt über die Felsen an die Fenster schlägt, sitzt trotz des kühlen Windes an einem der kleinen runden Tische, die Doris das ganze Jahr über vor der Tür stehen lässt. Er trinkt seinen Wein und isst wie immer seine Muscheln.

Morgen wird er abreisen. Er hat die Korrekturen an seinem Buch beendet, die Einsamkeit des Hauses, der spröde Reiz der kargen Landschaft haben ihm gut getan. Fast täglich ist er im Morgengrauen aufgestanden, nackt ans Meer gelaufen und hat bei jedem Wetter in den Wellen gebadet, um dann zu Hause genüsslich eine große Tasse heißen Milchkaffees zu trinken und sich voller Tatendrang an den schmalen Schreibtisch vor dem bodentiefen Fenster zu setzen und zu arbeiten.

Gegen Mittag hat er ausgedehnte Spaziergänge an dem kilometerlangen Sandstrand der Bucht gemacht, der um diese Jahreszeit unbelebt ist. Alle paar hundert Meter stehen die halb im Sand versunkenen Ruinen gigantischer Betonbunker. Grau wie das Meer, düstere Mahnmale des Krieges, gespenstisch und surreal mit Türen zum Meer und Treppen, die ins Leere gehen.

Ausgegangen ist er nie. Abends hat er üppig für sich gekocht, allein in der überdimensionalen Küche des bretonischen Hauses. Gelegentlich, wenn es kühl war, hat er den Kamin angezündet und, oft ohne zu lesen, genüsslich schweren Rotwein getrunken und sich Gedanken überlassen, die sich mit Plänen für seinen nächsten Roman befassen. Er will über diese Landschaft schreiben. Er will von den Menschen hier erzählen, von ihrer Wortlosigkeit, von ihrer herben Sprache, von ihrer stoischen Ruhe und – wie es ihm scheint – von ihrer gelassenen Zufriedenheit.

Im Mittelpunkt soll das unspektakuläre Leben einer schlichten Frau stehen. Das – und natürlich auch die umwerfende Qualität der Muscheln – haben ihn bewogen, nahezu jeden Tag in der kleinen Kneipe am Hafen seinen Mittagsimbiss zu nehmen. Doris – wie die Wirtin heißt auch das Lokal – hat bald verstanden, dass der fremdländische Gast immer nur dasselbe möchte. So bringt sie schon nach wenigen Tagen Muscheln, Baguette und Weißwein, ohne nach seinen Wünschen zu fragen. Womöglich geht sie auf Grund seines starken englischen Akzents davon aus, dass er außer ein paar Wendungen für das tägliche Leben kein Französisch spricht.

Ihre Schweigsamkeit ist ihm recht. So lässt sie seiner Phantasie genug Raum, zwar ihre Bewegungen, ihre Gesten, ihr Aussehen zu beobachten, ihre Lebensgeschichte aber frei zu erfinden.

Heute nun, da er zum letzten Mal hier sitzt, hat er aus einer Anwandlung von Sentimentalität das Bedürfnis, ihr zu erzählen, dass er morgen abreisen wird, und spricht sie an. Überrascht wendet sie sich ihm zu und lässt sich auf das Gespräch ein. Sie waren lange hier. Was haben Sie hier gemacht? Ich habe gearbeitet. Ich schreibe. Ich konnte hier so gut arbeiten. Kaum irgendwo habe ich so gut arbeiten können. Das Meer in seiner Majestät, dieses große wunderbare Meer, sagt der Engländer zu ihr. Es fällt mir schwer, von hier fort zu fahren. Sie glauben nicht, wie reich diese Zeit für mich war. Jeden Morgen in den Wellen zu baden und diese langen Spaziergänge am Wasser... Es muss ein großes Glück sein, am Meer zu leben.

Einen Augenblick schaut sie ihn schweigend an, als erstaune sie, was er sagt. Dann wendet sie sich wieder ab und lehnt sich wie zu Beginn des Gesprächs in der gleichen müden Pose an die Tür ihrer kleinen Kneipe und schaut über den Parkplatz auf das Meer.

Das Meer, sagt sie, wir leben von ihm. Es ist unsere Nahrung und unser Unterhalt, das Meer. Unsere Männer kennen es gut und fahren täglich hinaus. Nicht alle kommen wieder. Es gibt hier im Dorf niemanden, dem es nicht einen geliebten Menschen genommen hätte. Es gibt und nimmt. Mein Mann ist dort draußen geblieben, und letztes Jahr hat das Meer meinen einzigen Sohn behalten.

Der Engländer murmelt betroffen unbeholfene Worte von Beileid, Bedauern und Trost, dann zahlt er und flieht zurück in sein graues Steinhaus, um zu packen. Man weiß das alles, denkt er, aber es ist etwas anderes, wenn es jemand von sich erzählt. Die Frau, über die er in seinem Roman dann wirklich im folgenden Jahr schreibt, hat keine Ähnlichkeit mit Doris.

Der Fremde – Xenos

Der Fremde war seit einer Woche in Sophias Pension an der idyllischen Bucht in Kolibithra. Anfang Mai waren stets nur ein oder zwei Zimmer belegt, die Jahreszeit ist um diese Zeit auf den Kykladen noch unsicher. Es ist nur gelegentlich warm genug, um zu baden oder gar den Tag unten in der kleinen Bucht unter den Strohschirmen zu verbringen. Der alte Jannis, der seit Jahrzehnten hier Liegestühle und Schirme vermietete, kam dennoch schon ab Mitte April täglich in die Bucht, hielt den Strand sauber und hockte rauchend in seiner Holzhütte, mit Einheimischen plaudernd, die vorbei schauten, oder er machte seine Boote für den Sommer zurecht. Die Liegstühle aufzustellen, lohnte sich nur an wenigen sonnigen Feiertagen.

Auch in diesem Jahr tobten die frühsommerlichen Winde der Ägäis, sodass es trotz des relativ warmen Wetters oft noch zu kühl war, im Freien zu sitzen. Die Griechen, die abends in Sophias Kneipe kamen, bevorzugten es, drinnen zu essen. Die wenigen ausländischen Gäste hingegen blieben oft in Anoraks gehüllt auf der schlichten Terrasse an der Straße über dem Meer, genossen die Einsamkeit und Herbheit der kahlen griechischen Landschaft, schauten verzückt auf das rauschende blaue Meer und nahmen den kühlen Wind gerne in Kauf.

Auch der alleinreisende Deutsche, zu dieser Zeit der einzige Übernachtungsgast in Sophias Pension, blieb selbst am Abend lange auf der Terrasse, rauchte Pfeife und trank seinen Ouzo. Erst bei

Dunkelheit ging auch er nach drinnen, überließ mit wenigen gebrochen griechischen Worten der Wirtin, was sie ihm servierte, trank jeden Abend einen halben Liter Rotwein und las beim Essen. Immer trug er ein Buch bei sich.

Normalerweise ergab sich im Frühjahr – nicht zuletzt durch Sophias herzliche Art – in der Pension eine geradezu familiäre Atmosphäre. Pater Nikolaos schaute häufig am späten Abend vorbei, auch tagsüber kamen ab und zu Stammgäste aus Komi oder anderen Nachbarorten, sodass die wenigen Fremden schon aus Neugier von den Einheimischen, in den Plausch, der in gebrochenem Englisch, Italienisch, Deutsch oder Französisch stattfand, einbezogen wurden. Der Deutsche, ein gut aussehender Mann um die Vierzig, hielt sich jedoch stets zurück. Selbst wenn Nikolaos mit seiner prächtigen Stimme begann, zur Gitarre zu singen, und die Dorfbewohner in fröhlichste Stimmung versetzte, blieb er freundlich lächelnd abseits sitzen, ohne sich der Gemeinsamkeit anzuschließen.

Sein Tagesablauf war ungewöhnlich ritualisiert. Sowie die Sonne die Bucht voll ereicht hatte, pflegte er die wenigen Stufen von der Pension hinunter an den Strand zu steigen und zu schwimmen. Er schwamm nie lange, zumeist nur bis zu der gelben Boje am Ausgang der Bucht, bis man den Sphinx-Felsen in ganzer Pracht im offenen Meer sehen konnte. Später verbrachte er Stunden lesend mit seinem Kaffee an einem der einfachen Holztische auf der schmalen Terrasse über dem Meer. Gegen Mittag fuhr er mit seinem Mietwagen über die Insel, kehrte stets erst nach dem Mittagessen zurück und verbrachte den Spätnachmittag unten am Meer.

Sophia mochte den stillen Gast, zugleich aber war sie unsicher, ob er sich überhaupt wohl fühlte. Wenn er mit ihr sprach, schaute er ihr jedes Mal so lange nachdenklich in die Augen, bis sie irritiert den Blick abwandte. Sophia gefiel ihm, er beobachtete ihre sicheren Bewegungen, ihre schnellen kleinen Schritte, bemerkte die liebenswürdige Strenge, mit der sie ihr kleines Hotel führte. Er freute sich an der Selbstverständlichkeit, mit der sie seine Gewohnheiten wahr nahm und ihnen entgegen kam. Freunde hatten ihm diesen Ort empfohlen, als er nach seiner Scheidung verreisen wollte, um Abstand zu gewinnen, um zu sich selbst zu kommen und aus dieser Lebenskrise heraus zu finden, die nicht nur sein Privatleben, sondern auch seine berufliche Zukunft betraf.

Was er hier vorfand, übertraf bei Weitem seine Erwartungen. Die Stille des Ortes, die vollkommen unprätentiöse Umgebung, die Kargheit der Landschaft, die gleichförmige Abfolge der täglichen Ereignisse, all das machte ihn in einer Weise glücklich, wie er es seit Jahren nicht mehr gewesen war. Hier wurde ihm überdeutlich, dass es richtig war, beruflich neue Wege zu planen, die seinen eigentlichen Begabungen und Interessen mehr entsprachen, auch wenn sie weniger Geld bringen würden. Die Angst vor einer Entscheidung, von der er wusste, dass sie in seinem Alter eine größere Endgültigkeit besaß als noch vor fünf Jahren, verlor sich in einer neuen Zuversicht.

Die Gegenwart Sophias tat ihm in unerwarteter Weise wohl. Sie war nicht eigentlich schön, im Grunde ganz und gar nicht sein Typ, aber die ruhige Selbstsicherheit, die sie ausstrahlte, die Festigkeit ihres Blicks vermittelten ein Bild, das dem seiner ehemaligen Frau vollkommen entgegengesetzt war. Wenn Sophia lachte, warf sie den Kopf eigentümlich nach hinten, schloss dabei kurz ihre großen grauen Augen, die dann in den Winkeln Fächer kleiner Falten bildeten. Ihr Mund erinnerte ihn an seine jüngere Schwester, die leicht vorstehende Oberlippe gab ihr etwas kindlich Schüchternes, das zu ihrer selbstbewussten Gestik kontrastierte.

Sophia strahlte die gleiche Ruhe und Herbheit aus wie die Landschaft, die sie umgab. Ich mag dich, dachte er manchmal, hielt sich aber zurück, um nicht missverstanden zu werden. Ihm war nicht nach einem Flirt. Vor allem war es ihm unmöglich, romantische Ideen an Aussichtsloses zu verschwenden. Nach den hässlichen Auseinandersetzungen am Ende seiner Ehe hatte er weder Lust auf ein Abenteuer noch auf eine Beziehung, die schon aus äußerlichen Gründen vollkommen unrealistisch war. Er wollte keinen neuen Schmerz.

Es rührte ihn, wie der Dorfpriester Nikolaos Sophia half, die offensichtlich niemanden an ihrer Seite hatte. Ein erwachsener Sohn lebte in London, soviel hatte er in den abendlichen Gesprächen mitbekommen. Nikolaos schien zu helfen, wenn Sophia für ein oder zwei Tage nach Athen musste, und war auch sonst offenbar Ratgeber und Tröster.

Pater Nikolaos, dachte er, hat schöne gefährliche Augen, und in seiner Phantasie unterstellte er dem Geistlichen ein Verhältnis mit Sophia, verwarf den Gedanken aber wieder, so wie er dessen väterlichen Umgang mit Sophia und andern Dorfbewohnern erlebte.

Es war am Tag vor seiner Abreise, als er abends in der Stadt am Hafen in einer schön am Wasser gelegenen Taverne zu fett, zu viel gegessen hatte. Enttäuscht von dem misslungenen Abschiedsabend hatte er sich auf dem Rückweg nach seiner Bucht, seiner Pension wie nach einem Zuhause gesehnt. Er hatte sich darauf gefreut, vor dem Haus zu sitzen mit dem Blick auf die vom Halbmond beschienene Bucht, auf das Rauschen, die Stille und natürlich auf den Ouzo.

Wie enttäuscht war er zunächst, als er das Restaurant dunkel fand, an der Tür aber steckte von außen der Schlüssel, und im Halbdunkel des leeren Gastzimmers saß Sophia an der Kasse und machte ihre Abrechnung. Kali spera, grüßte sie ihren späten Gast und unterbrach ihre Arbeit mit Selbstverständlichkeit. Ouzo? fragte sie lachend. Er nickte. Trinken Sie einen mit?

Dann saßen sie auf der dunklen Terrasse, begannen ein Gespräch, zunächst über nichts, über die Landschaft, über die Insel. Obwohl beide keine gemeinsame Sprache hatten, in der sie fließend und sicher sprechen konnten, verstanden sie sich gut. Das Wenige, was sie sich erzählten, machte beiden deutlich, was sie schon lange voneinander wussten.

Als es kühl wurde, ergriff der Deutsche ihre kräftige, überraschend kleine Hand und küsste ihr mit einer eher höflichen als zärtlichen Geste die Fingerspitzen. Ochi, nein, sagte sie leise. Aus zwei Einsamkeiten wird keine Zweisamkeit. Aber ohne seine Hand los zu lassen, erhob sie sich.

Am frühen Morgen, als er erwachte, war Sophia aus seinem Zimmer gegangen, ohne dass er es gemerkt hatte. Er packte seinen Koffer, ging hinunter, um zu zahlen, fand aber Sophia nicht. Eine von ihren Küchenhilfen gab ihm die vorbereitete Rechnung. Sophia habe nach Athen müssen und das erste Schiff genommen. Vor dem Haus trank Pater Nikolaos bereits Kaffee. Der Deutsche setzte sich neben den Priester, um auf sein Taxi zu warten. Der Priester half ihm, das Gepäck zu verstauen, nahm zum Abschied seine rechte Hand unerwartet herzlich zwischen seine beiden Hände und sagte: Gott behüte Sie. Vielleicht sehen wir uns wieder.

Villa Piccola

Sie hatte das Schiff am Mittag genommen, um die Insel nicht zu spät zu erreichen. Wenn sie Mitte April das erste Mal im Jahr kam, war es noch kühl im Haus, sie musste den Kamin anheizen, und es dauerte immer eine Weile, bis alles wieder so war, dass sie sich zu Hause fühlte. Um diese Zeit hatte Giovanni sie noch nie begleitet, auch nicht in den Jahren, in denen er zumindest ein, zwei Mal mit ihr auf die Insel fuhr.

Irene erwartete sie am Ausgang des Funikulare. Immerhin war sie dieses Mal pünktlich. Auf die junge Polin, die sich in Carlas Abwesenheit um das Haus kümmern sollte, war nicht viel Verlass, aber Andrei, ihr Mann, war geschickt und reparierte alles, was im Haus anfiel. Es war nicht leicht, auf Capri jemanden zu finden, der dazu bereit war. Also behielt Carla Irene nun schon, seit sie das Haus besaßen.

Natürlich hatte sie weder vorgeheizt noch gelüftet, sodass Carla der typisch muffige Geruch eines unbewohnten Hauses entgegen kam, als sie die Glastür zu dem großen geräumigen Eingangsraum aufschob. Sie stellte ihre Tasche neben dem Kamin ab. Der Koffer, in dem sie im Wesentlichen Bücher hatte, wurde gebracht.

Wie jedes Mal ließ Carla Irene zunächst im Haus wirken, nahm sich ein Glas Aperol und erwartete das Gepäckwägelchen auf der Loggia. Die Loggia, der Platz, an dem sie die nächsten drei Monate die meiste Zeit des Tages und bald auch schon der Nacht verbringen würde, war von Atem beraubender

Schönheit. Sie reichte über die ganze Breite der kleinen Villa, vier überproportional große ionische weiße Säulen trugen – für Capresische Villen üblich – das leichte Bambusdach gegen die Sonne. Weit öffnete sich der Blick über den südlichen Horizont des Meeres. Das Haus, steil am Fels gebaut, schien über dem Wasser zu schweben. Direkt vor ihr lagen die Faraglioni, drei kirchturmhohe Felsblöcke, Wahrzeichen der Insel. Nichts sonst sah man als das weite Meer. Nur nach rechts öffnete sich die Loggia zu einer schmalen Treppe, die in den kleinen, wild bewachsenen Garten führte, Palmen, zwei Zypressen, die aus der das Haus umgebenden Mauer heraus wuchsen, ein paar große Tontöpfe mit Geranien. Immerhin hatte Irene die Pflanzen ab und zu gegossen.

Die Schönheit des Blicks, die gleichmütige Ewigkeit des Meeres bewegten Carla jedes Mal zutiefst. Unter ihr rauschten die Wellen gegen die Felsen, man hörte nur die Schreie der Möwen, ihr meckerndes Lachen und ihr Jammern wie das Weinen von kleinen Kindern. Sie sah den eleganten Flugbewegungen zu, dem Gleiten mit kaum schlagenden weißen Flügeln, dem gelegentlich stürmischen Herabsegeln aus großer Höhe auf die Wasserfläche zu, bis sich der Flug im letzten Moment schwerelos wieder nach oben hob. Ich bin wieder da, dachte Carla und empfand ein Glücksgefühl, wie sie es nur hier, nur an diesem Ort kannte.

Seit dem Tod ihrer Mutter vor fünfzehn Jahren kam sie regelmäßig nach Capri. Das Verhältnis zwischen beiden war schwierig, und so überraschte es kaum, als sich herausstellte, dass Carlas Mutter ihr ganzes Vermögen dem einzigen Enkelkind Giulia vermachte hatte, das, damals noch unmündig, die deutsche Schule in Rom besuchte. Du brauchst ja nichts, du bist ja mit Giovanni verheiratet, so hatte sie diese Entscheidung Carla schon zu Lebzeiten angekündigt. Dass Carla mit großer Mühe versuchte, sich als freie Journalistin etwas finanzielle Unabhängigkeit von ihrem wohl situierten Mann zu verschaffen, empfand ihre Mutter als unangemessen, als rücksichtslos im Hinblick auf ihre Verpflichtungen gegenüber der Familie.

Das Mutter-Tochter-Schicksal wiederholte sich. Giulia war ein Vaterkind und ihrer Mutter gegenüber kühl. Es mochte an Carla liegen, die sich selbst von ihrer Mutter nicht geliebt gefühlt hatte, der es nicht gelingen konnte, eine Zärtlichkeit, die sie selbst nicht bekommen hatte, an die eigene Tochter weiter zu geben. Es hatte Carla scheu gemacht, wenn sie sah, wie Giulia den Vater stürmisch umarmte und der Großmutter schmusend im Arm lag. Als die Großmutter starb, war es Carla, obwohl sie sich es nicht eingestehen wollte, fast eine Erleichterung, hatte sie doch die Hoffnung, Giulia würde sich nun ihr mehr zuwenden. Dem war nicht so. Im Gegenteil, Giulia blieb jetzt sogar manchmal in den Ferien im römischen Internat und vermied es, in ihr Zuhause nach Neapel zu kommen.

Carla nahm sich vor, das Erbe ihrer Tochter gewissenhaft und Gewinn bringend zu verwalten. Gemeinsam mit ihrem Ehemann Giovanni beschloss sie, auf Capri ein Haus oder eine Wohnung zu suchen, etwas, das man über das Jahr gut an Neapolitaner und im Sommer an ausländische Touristen vermieten könnte. Der Zufall kam ihnen entgegen. Ein Kollege Giovannis besaß eine kleine Villa in vorzüglicher Lage, die er verkaufen wollte, da er einen Ruf in die Vereinigten Staaten bekommen hatte. Das Haus stammte aus der Mitte des 19. Jahrhunderts, es war klein und hatte einen verwirrenden Grundriss über drei Ebenen, weil der winzige Kern mit einem großen Zimmer, einem Bad und einer kleinen Küche im Laufe der Zeit durch zwei, drei Anbauten erweitert worden war. Die hellen, in ihrer Atmosphäre sehr unterschiedlichen Räume mit den für Capri üblichen gewölbten Decken, der große Kamin, der reizende Garten, die winzige Dachterrasse zwischen den Tonnen der Dächer und die Loggia… all das war Grund genug, dass auch Giovanni, dem als gebürtigem Florentiner wenig am Meer lag, von der Zweckmäßigkeit des Kaufs zu überzeugen war.

Carla, die in Neapel aufgewachsen war und im Gegensatz zu Giovanni das Meer über die Maßen liebte, war glücklich. Sie verbrachte die folgenden Wochenenden nicht wie gewohnt mit Giovanni in ihrem Landhaus bei Pozzuoli, sondern war in Capri, beaufsichtigte die Maler beim Tünchen der Wände, ließ die alten Cotto-Böden gründlich reinigen und kaufte mit viel Geschmack wenige schlichte Holzmöbel, wie man sie auf der Insel seit Jahrhunderten herstellte. Aus ihrer Stadtwohnung in Neapel entführte sie ein paar große abstrakte Bilder der zwanziger Jahre, die den einzigen Schmuck der weißen Wände bildeten.

Giovanni kam, als alles fertig war, und brachte seine astronomischen Fernrohre mit, sodass es zunächst schien, als könne er sich für diesen becircenden Ort begeistern, der seiner beruflich verwurzelten Leidenschaft für die Beobachtung der Gestirne ungewöhnlich gute Bedingungen bot. Die Lage der Villa lässt Vollmondnächte zu einem theatralischen Spektakel werden. Drei, vier Nächte zieht der Mond in aller Pracht seinen Bogen über den Horizont, verändert ständig seine Spiegelung, die mal wie eine glänzende Bahn auf den Gemälden Munchs erscheint, dann wieder das ganze Meer in flüssiges Silber verwandelt oder sein Licht kokett nur auf den Wellenkronen spiegelt. Davor stehen als dunkle Silhouetten die Faraglioni-Felsen.

Carla verstand erst nach einigen Jahren, dass der Rückzug ihres Mannes, das nachlassende Interesse an dem Haus in Capri seinen Hauptgrund in einer jungen Frau aus Pozzuoli hatte, die ihn schamlos und unitalienisch indiskret in ihrem Landhaus zu besuchen pflegte, wenn Carla in Neapel blieb oder nach Capri fuhr. Irgendwann hatte sie selbst den Betrug bemerkt, hatte Kosmetik und Schmuckstücke gefunden, die die junge Nebenbuhlerin liegen gelassen hatte. Das Personal, die Nachbarn, alle wussten längst Bescheid, nur sie nicht. Man spricht nicht über so etwas, man tut so, als sei nichts. Auch von Carla erwarteten ihr Mann und ihre Freunde, dass sie großmütig über die amourösen Abenteuer ihres Mannes hinweg sehen solle. Blieb er doch bei allen offiziellen Anlässen, an allen Fest- und Feiertagen und selbstverständlich auch, wenn Carla doch auf den Einfall kam, nach Pozzuoli zu fahren, an ihrer Seite, galant, höflich, eben ihr angetrauter Gatte. Letztlich hat die junge Geliebte doch die schlechtere Position, meinte selbst ihre engste Freundin. Du hast doch durch Giovanni einen angenehmen Luxus.

Carlas Gekränktheit stieß in ihrer Umgebung auf Unverständnis. Ihre Versuche, mit Giovanni klärende Gespräche zu führen, scheiterten an seiner glatten Liebenswürdigkeit, mit der er jegliches Problem ignorierte. Carla nahm daraufhin wieder mehr journalistische Aufträge an, intensivierte ihre Kontakte zu Zeitungen und lenkte sich durch Arbeit ab.

Was das Haus auf Capri betraf, versuchte sie sich damit zu trösten, dass sie es ja auch nur wegen Giulia gekauft und für sie hergerichtet habe und nicht für Giovanni und sich. Giulia aber hatte das Erbe nur lächelnd zur Kenntnis genommen, wie ihre Mutter es anlegte, war ihr ‚schnuppe', wie sie sich ausdrückte. Als Villa Piccola, so hieß das Haus seit seiner Erbauung, bis hin zu Geschirr und handgewebten Tischdecken fertig eingerichtet war, lud Carla ihre Tochter offiziell ein, das Haus, ‚ihr' Haus zu besichtigen, in der Hoffnung, Giulia beweisen zu können, dass sie alles mit viel Liebe zu ihrer Tochter gestaltete hatte. Natürlich ging es auch darum zu besprechen, wie oft die Tochter wohl das Haus für sich nutzen wolle, wann und ob man es überhaupt vermieten solle und wann man vielleicht im Laufe des Jahres en famille hier sein würde.

Die Absage von Giulia kam per Brief aus Rom. Sie schob nicht einmal einen entschuldigenden Grund vor, stattdessen verkaufte sie wortreich als Großzügigkeit, dass ihre Mutter bis zu ihrer Volljährigkeit, vermutlich aber bis zum Ende ihres Studiums, mit der Villa verfahren könne, wie es ihr passe. Selber nach Capri zu kommen, sähe sie keinen Anlass. Das Meer hätte sie nie besonders gereizt. Carla war so enttäuscht, so tief verletzt, dass sie den Brief wieder verschloss, mit zitternden Händen mit Tesafilm zuklebte, um ihn nie wieder zu lesen und ihn nicht einmal Giovanni zu zeigen. Sie legte den Brief in der Villa Piccola unter eine Schale, die sie mit bunten Steinen gefüllt hatte, weil sie wusste, dass Giulia farbige Steine gern hatte. Ihn wegzuwerfen, konnte sie sich nicht entschließen.

Carla brauchte ein Jahr, bevor sie die Kraft fand, sich um eine Nutzung des Hauses zu kümmern. Zunächst fuhr sie nur einmal im Monat auf die Insel, das Haus atmete den Schmerz, der nur langsam nachließ. Als schließlich auch Giovanni sie kaum mehr begleitete, begann Carla das Haus in ihr eigenes zu verwandeln, sie verstand, dass ihre Tochter nie hierher kommen, dass für Giulia Villa Piccola immer Carlas Haus bleiben würde und sie sich ohnehin nur für das Geld interessierte, das es abwarf.

In dieser Zeit begann Carla die Insel in langen Spaziergängen zu erobern. An den steilen Felsen kletterte sie die vielen hundert Stufen hinauf zu dem gigantischen Arco Naturale, schaute von weit oben durch das Felsentor in die grün sprudelnde Bucht tief unten, kehrte danach in Luigis kleiner Taverne La Grottela ein, aß Fisch, trank ihren geliebten capresischen Rosato und genoss die familiäre Freundlichkeit der Wirtsleute, von denen sie schon bei ihrem zweiten Besuch warmherzig mit Namen begrüßt wurde.

So wie bei Luigi ging es ihr bald an vielen Orten, wenn sie sich am Ende ihrer Wanderungen irgendwo nieder ließ. Die weiche, liebenswürdige

Wesensart der Einwohner gab ihr das Gefühl von Zugehörigkeit und half ihr, das Alleinsein zu ertragen.

Die Spaziergänge über die Insel waren es, die Wege durch diese wilde, üppig sich verausgabende Natur, die auch für ihr Leben neue Wege zeigten. Sie liebte die Via Krupp im Frühjahr; wenn keiner außer ihr dort entlang ging, schlenderte sie in der Dämmerung den Felsenweg hinab zur Marina Piccola, die im April und Mai noch menschenleer zu sein pflegt, setzte sich auf einen Felsblock unter den alten Gemäuern der kleinen Häuser am Rande der Bucht, schaute auf die wechselnden Farben des Meeres, bis es zu kühl wurde. Mit dem kleinen Bus fuhr sie – oft als einziger Fahrgast – im Dunkeln zurück in den Ort Capri, ließ sich auf der stets belebten Piazzetta in ihrer Stammbar einen Aperitif bringen und beobachtete die Menschen um sie. Viele kannte sie im Laufe der Zeit, aber es gab doch jeden Abend neue, andere Gesichter, bunte Touristen aus allen Ländern. Es machte ihr Spaß zu beobachten, und sie begann, Lebensgeschichten zu fremden Gesichtern zu erfinden.

Über die Via Tagara musste sie dann nachts weit hinüber aus dem belebten Ort hinaus bis zu ihrer kleinen Villa, die so abgelegen lag, dass dort am Abend niemand mehr ging. Nachts brauchte sie eine Taschenlampe. In den ersten Jahren hatte sie Angst allein und verschloss alle Türen sorgfältig, weil die wenigen Villen rundum nur in den Sommermonaten bewohnt waren. Bis Juni war sie allein dort an dem schmalen Weg über den Felsen. Wenn sie auf ihrer Loggia saß, herrschte vollkommene Stille, man hörte nur das Rauschen des Meeres, die Vögel der

Nacht und immer wieder das Jammern der Möwen, die nie ganz zur Ruhe kommen.

Dieses Jahr feierte sie ein kleines Jubiläum. Es war genau fünfzehn Jahre her, dass sie das erste Mal auf die Insel gekommen war. Alles war inzwischen anders geworden. Monatlich überwies sie von dem Geld, das sie mit ihrer journalistischen Arbeit verdiente, eine Miete auf das Konto ihrer Tochter. Carla hatte mittlerweile einen festen Vertrag mit einer Tageszeitung, es war ihr gleichgültig geworden, dass weder Giulia noch Giovanni sie nach Capri begleiteten.

Carla beschloss, zur Feier des Tages nach Anacapri zu wandern, wieder einmal die Villa von Axel Munthe zu besuchen und zum Abschluss unten am Faro, direkt am Meer bei Lucia, die ihr fast eine Freundin geworden war, zu essen. Der Tag war hell und ungewöhnlich klar. Sie war früh aufgestanden und erreichte die Villa noch vor dem ersten Touristenstrom. Das Meer lag in Postkartenschönheit unter den Gärten Anacapris, in denen die Bäume voller Zitronen hingen, Bouganville und Geranien schon in allen Rottönen zu blühen begonnen hatten. Als sie die kleine, von bunten Läden gesäumte Straße zur Villa hinauf ging, schloss sich ihr ein kleiner Hund an, ein undefinierbarer Mischling mit braunem Kriselhaar und der Gestalt eines Dackels mit dafür viel zu langen Beinen. Er wedelte unaufhörlich mit dem Schwanz und trottete den ganzen Weg neben ihr her. Am Eingang in die Villa blieb er einsichtig sitzen.

Carla trat in das Haus Axel Munthes. Wie jedes Mal ließ sie sich von den vielen antiken Kostbarkeiten bezaubern, freute sich an dem kleinen Relief mit den Amoretten. Am Ende des Parks stellte sie sich neben die steinerne Sphinx, legte die Hand auf den kühlen Stein und schaute neben der geheimnisvollen Figur wie mit einem vertrauten Geschöpf in die unbeschreibbar schöne Landschaft. Meer und Himmel waren an diesem Tage vom gleichen blassen Lichtblau, am Horizont zeichnete sich dunkel die neapolitanische Küste ab mit der weichen Linie des Vesuvs, der auch an diesem Tag seine Wolkenkrone trug.

Als sie die Villa verließ, war sie nicht wenig erstaunt, das Hündchen freundlich wedelnd anzutreffen, das sich ihr wie selbstverständlich anschloss und sie durch den Ort begleitete, ja, sie nicht verlassen wollte und neben ihr den weiten Weg bis hinunter zum Leuchtturm ging. Es blieb ihr nichts anderes übrig, als ihren neuen Freund mit in Lucias Restaurant zu nehmen. Lucia, die beide mit Heiterkeit begrüßte, sagte auf Carlas Erklärung hin nur: Behalte ihn doch, er hat dich ausgewählt. Carla dachte an Axel Munthes Tierliebe, streichelte das Tier über den Kopf und lachte. Na gut, Piccolo, dann ist es eben so.

An diesem Abend setzte sich Lucia nach dem Essen zu ihr. Außer Carla gab es keine Gäste, es war zu kühl, das Meer wurde unruhig. Die beiden Frauen begannen ein langes Gespräch. Als Carla schließlich nach Mitternacht mit einem Taxi nach Capri zurückgefahren war, in Villa Piccola ihrem neuen Mitbewohner eine Decke vor den Kamin gelegt hatte, wusste sie, dass sie nicht mehr nach

Neapel zurück kehren, sondern für immer auf der Insel leben würde.

Giulia betrat Villa Piccola zum ersten Mal zehn Jahre später, nach Carlas Tod.

Die Greisin

Der junge Pfleger schob die Greisin in ihrem Rollstuhl durch den Gang des Altersheims zum Fahrstuhl. Wo fahren wir hin, fragte sie in strengem Ton. Fahren wir in ein Café? Natürlich, wohin sonst, erwiderte er missmutig. Er war müde, seit fünf Uhr früh hatte er Dienst. Dieser kleine Ausflug war seine letzte Aufgabe für heute. Die alte Düsseldorferin musste in das Café im Erdgeschoss gebracht werden. Die Angehörigen zahlten extra für diese Dienstleistung, um ihrer alten Mutter eine kleine Freude zu gönnen. Im Fahrstuhl sah sich die Greisin im Spiegel. Sofort richtete sie sich auf, schaute mit großen aufgerissenen Augen in den Spiegel und konzentrierte sich darauf, genau hinzuschauen. Sie sah gepflegt aus. Ihre immer noch dichten weißen Haare waren sorgfältig onduliert, auch für den Frisör zahlten die Angehörigen wöchentlich. Ihre mageren weißen Greisinnenhände mit den braunen Altersflecken strichen glättend über den blauen Seidenrock. Dann griff sie sich mit beiden Händen in die Haare, wie um ihre Frisur zu korrigieren, streckte sich und blickte im Spiegel zu dem Pfleger auf. Kokett legte sie den Kopf ein wenig schräg und fragte: Sehe ich noch ganz nett aus? Der junge Pfleger musste unwillkürlich lachen. Ja, ganz reizend, antwortete er. Sie lächelte zufrieden.

Im Erdgeschoss angekommen, begann für die Greisin eine andere Welt. Die bis auf den Boden reichenden Fenster des Flurs gaben ebenso wie die Fensterfront der kleinen Cafeteria des Heims den Blick auf einen Garten frei, auf grünen Rasen, umsäumt von sorgfältig mit Stiefmütterchen bepflanzten Beeten. Verschwommen nahmen ihre kurzsichtigen Augen das Licht und die bunten Farben wahr. Der Pfleger fuhr die Greisin an einen der weißen Resopaltische und ging zur Theke, um Kaffee und Kuchen zu holen. Als er die klobige Keramiktasse und den Teller mit dem nicht sehr verlockenden Apfelkuchen vor sie hinstellte, schaute sie zu ihm auf und fragte leise, fast flüsternd: Das ist wohl ein sehr vornehmes Café hier, nicht wahr? Ja, antwortete er in scherzhaftem Ton. Hier hat auch schon Thomas Mann verkehrt. Ach, sagte die Greisin mit einem glücklichen Lächeln. Thomas Mann…, wie wundervoll. Ja, und auch Goethe, gab er provozierend noch eins drauf. Goethe? rief sie laut und gereizt. Er musste lachen. Sie hatte verstanden, dass er sie foppte.

Irritiert schwieg sie und aß ihren Kuchen, ohne ihn weiter zu beachten. Es tat ihm leid, dass er sie aus ihrem Traum von einer anderen schöneren Welt wieder in die Realität zurück geholt hatte.

Mit Würde versuchte sie die Tasse ruhig zu halten und das Zittern ihrer alten Hände zu kontrollieren. Als sie dann plötzlich in der Bewegung inne hielt und ihn leise fragte, sind wir denn hier nicht in Düsseldorf? erwiderte er darum beruhigend: Doch, doch. Wir sind hier in einem Café auf der Königsallee. Ach ja, im Café Heinemann, sagte sie lächelnd. Wie schön. Danke, dass Sie mich hierher gebracht haben. Versunken sah sie in den Garten. Darf ich Sie etwas fragen? Natürlich, antwortete er, während auch er jetzt ein Stück Kuchen verspeiste. Was denn?

Wissen Sie, mein Großvater ist hier Bürgermeister. Er wird morgen im Rathaus geehrt. Ihr Großvater, lachte er auf. Sie war 97 Jahre alt. Ach ja, Ihr Großvater wird geehrt, wie interessant, entschloss er sich, das Spiel mitzuspielen. Ja, mein Großvater war sehr bedeutend. Und morgen ist eine Feier. Meinen Sie, ich könnte auf die Tribüne gehen und ihm einen Blumenstrauß übergeben? Oder finden Sie das unpassend? Nein, im Gegenteil, erwiderte er eifrig und engagiert. Das finde ich ganz außerordentlich passend.

Sie schwieg. Nachdenklich drehte sie ihren Ehering um ihren mageren Ringfinger. Früher hat ein Juwelier meine Hände mit Schmuck fotografiert und die Bilder in seinem Schaufenster ausgestellt, sagte sie unvermittelt. Er schaute auf die alten mageren Hände. In einem plötzlichen Impuls nahm er ihre kleinen Hände in seine großen, jungen, kräftigen Hände. Erschrocken, wie kalt sie sich anfühlten, ließ er sie wieder los und fragte: Ja, aber was ist nun mit dem Großvater? Sollen wir da morgen hinfahren? Ach ja, das wäre so außerordentlich liebenswürdig von Ihnen.

Aber ich bin doch schon so alt, ich kann hier ja gar nicht weg, um Blumen zu besorgen. Könnten Sie das für mich tun?

Aber gern, erwiderte er. Was soll ich denn kaufen? Das Spiel begann ihm Spaß zu machen. Wie wäre es mit Nelken, schlug er vor, sich an ein Jugendfoto seiner Mutter erinnernd, auf dem sie einen Strauß Nelken im Arm trug. Nelken? sagte die alte Dame in ärgerlichem Ton. Nelken sind so spießig. Haben Sie nicht eine bessere Idee?

Sie einigten sich auf gelbe Teerosen. Draußen dämmerte es. Der Pfleger stand auf, brachte das Geschirr zurück an die Theke und schob die Greisin den Gang entlang zum Fahrstuhl. Wie auf dem Hinweg sah sie mit weit geöffneten Augen auf ihr Spiegelbild. Auch dieses Mal richtete sie sich auf, aber ihr Mund blieb ernst und verschlossen.

Als der junge Pfleger sie dann in ihrem Zimmer an das abendliche Fenster schob und sich von ihr verabschieden wollte, sagte sie mit dem Blick auf die Bäume des Gartens: Sehen Sie da drüben das Haus? Es gab dort kein Haus, nur Bäume und Wiesen und irgendwo dahinter den Friedhof des kleinen Ortes. Da drüben, da sitzt immer eine Frau am Fenster, ganz allein.

Gute Nacht, sagte der Pfleger. Ich sage der Schwester Bescheid, dass Sie jetzt wieder in ihrem Zimmer sind. Morgen komme ich ja wieder. Als er ging, hatte er Tränen in den Augen.

Uli lügt

Er war fast fertig. Die Umzugkartons standen in Reih und Glied im Flur. Es fehlten nur noch die Schulbücher, die verschickt werden sollten. Sein letzter Auftrag. Der letzte, der einzige seit einem halbem Jahr, der noch nicht storniert worden war. Er zündete sich eine Zigarette an, auch so ziemlich die letzte, dachte er und legte die halbleere Schachtel sorgsam auf den Bücherstapel. Vor einer halben Stunde wollte sein Sohn kommen, um ihm beim Umzug in die neue Wohnung zu helfen. Warum verkleinerst du dich eigentlich so, hatte er gefragt. Ich brauche nicht mehr, und die Geschäfte gehen nicht gut. Die deutschen Schulen im Ausland haben kein Geld mehr und bestellen weniger Bücher. Das war gelogen. Sie bestellten nichts mehr.

Es vergingen zwei Stunden, bis Frederik endlich kam. Ich habe x-mal versucht, dich anzurufen. Hertz wollte eine Anzahlung für den Transporter.

Das Telefon ist schon umgemeldet. Auch das war gelogen, es war ihm schon vor einem Monat abgestellt worden. Die Bank hatte die Abbuchung storniert.

Du solltest dir endlich ein Handy zulegen. Regina hat es jetzt für dich ausgelegt. Regina war Frederiks Mutter, seine geschiedene Frau.

Das ist nett, ich bringe ihr das Geld morgen vorbei. Noch eine Lüge, dachte er.

Der Umzug ging schnell, es war noch nicht dunkel, als sie alles in der neuen Erdgeschosswohnung im Industrieviertel der Stadt verstaut hatten.

Immerhin hast du einen Kanalblick. Find ich echt skurril, meinte Frederik. Immerhin ist eine Einbauküche da, dachte Uli.

Gehen wir in den Biergarten, fragte Frederik?

Ich möchte dich eigentlich lieber mitnehmen zu meinen Freunden, du weißt doch, ich bin in so einem Slow-Food-Club. Da treffen wir uns immer mittwochs und kochen zusammen.

Kein Bock, sagte Frederik enttäuscht. Ich dachte, jetzt, wo ich dir geholfen hab… Uli wich dem Blick seines Sohnes aus.

Ok, dann gehen wir am Wochenende zusammen aus, ja? Kann da schlecht absagen, da ist alles auf einander eingespielt, wenn einer nicht kommt, klappt nichts.

Die Lüge kam nicht an. Er denkt, ich habe keine Lust. Spontan umarmte Uli seinen Sohn, drückte ihn mit einer Heftigkeit an sich, die Frederik peinlich war. Danke, danke dir sehr, dass du mir geholfen hast. Sehen wir uns Samstag?

Der Sohn schob ihn von sich. Alles klar, aber Samstag geht nicht, dann schon lieber Sonntag.

Wieder allein machte Uli das Licht an, schob den Tisch unter das Fenster und setzte sich davor. Mit der flachen Hand strich er über die glatt polierte Oberfläche seines geliebten Eichentischs. Wie gut er noch aussieht und wie schön, dass keiner ihn über eBay haben wollte. Drei Wochen hatte er ihn angeboten, am Ende für lächerliche fünfzig Euro, und keiner hatte mitgesteigert. Gut so, dachte Uli. Vor dem Fenster sah er auf das triste Ufer des Kanals. Skurril, hatte Frederik gesagt. Mit etwas Phantasie ein reizvoller Blick. Auf der gegenüber liegenden Seite des Kanals war jetzt in der zunehmenden Dunkelheit ein roter Kran dekorativ angestrahlt.

Uli stand auf, nahm seine Lederjacke, steckte die restlichen Zigaretten ein und verließ das Haus. Sorgfältig schloss er ab; als ob hier noch was zu holen wäre, kicherte er vor sich hin. Auf dem Weg zur Straßenbahn dachte er darüber nach, welche Ausrede er dafür gebrauchen sollte, dass er den Unkostenbeitrag zum gemeinsamen Mittwochessen schon das zweite Mal nicht dabei hatte. Portemonnaie im Umzugskarton, überlegte er sich. Diese Woche war Elke dran einzukaufen. Sie war großzügig, hatte aber Haare auf den Zähnen. Kommentarlos würde es nicht abgehen, soviel war sicher. Erleichtert stieg er bei der russischen Kirche aus. Immerhin war er nicht kontrolliert worden. Seine Monatskarte war abgelaufen, für ein neues Märkchen hätte es gerade noch gereicht, aber er brauchte die letzten zwanzig Euro für Porto, um die Schulbücher nach Namibia zu schicken. Wenn's überhaupt reichte.

Der Slow-Food-Abend war heiter wie immer, Elke hatte ihn besorgt angesehen und nichts gesagt. Ahnte sie von seinen Sorgen? Uli gab sich betont fröhlich, erzählte begeistert von seiner neuen Wohnung. Bald kommt ihr alle mal zu mir, dann koche ich arabisch. Die Nacht schlief er auf der Matratze am Boden, dank des Rotweins lange und traumlos. Auf der Post am nächsten Morgen musste er erfahren, dass sein restliches Geld für das Porto nach Namibia nicht reichte. Irgendwelche Begründungen murmelnd nahm er das Paket wieder mit. Die junge Beamtin grinste spöttisch, schien es ihm.

Sein Überziehungskredit war überschritten, das wusste er. Der Automat seiner Bank spuckte kein Geld mehr aus, sondern den Hinweis, er möge sich persönlich in der Bank melden. Sollte er sich Geld leihen? Das hatte er schon zur Genüge getan. Seine Privatschulden beliefen sich auf die gleiche Höhe wie die Bankschulden, je dreißigtausend Euro. Ist doch ein Klacks, hatte Sebastian gesagt, aber mehr als dreitausend konnte er ihm auch nicht leihen. Von den Freunden blieb noch Elke, vor ihr schämte er sich, oder noch Heinz, aber Heinz war arbeitslos und steckte selbst in Schwierigkeiten.

Uli ging ziellos von der Post in Richtung Ortsmitte und blieb schließlich in der Nähe eines Geldautomaten der Deutschen Bank stehen. Vielleicht klappt es da. Ist ja keine Sparkasse. Uli wartete, bis keiner in der Nähe war, es war ihm peinlich, wenn der Automat kein Geld ausspuckte. Die Leute hinter einem merken das und denken sich ihr Teil. Auch dieser Automat verweigerte ihm die Zahlung, und als er sich umdrehte, stand tatsächlich schon ein junger Mann hinter ihm. Scheint kaputt zu sein, sagte Uli und ging mit eiligen Schritten die Straße weiter in das nächste Kaufhaus, um den Blicken des jungen Mannes zu entkommen, der inzwischen sicher längst sein Geld erhalten hatte. Er drängte sich an den in Auslagen wühlenden Menschen vorbei und fuhr mit der Rolltreppe in die Lebensmittelabteilung im Untergeschoss.

Es muss fast eine Stunde gedauert haben, bis er die Abteilung wieder verließ, ohne gestohlen zu haben. Der Schweiß stand ihm auf der Stirn, als er durch die Drehtür wieder ins Freie trat. Die Versuchung war ungeheuerlich gewesen. Ich kann nicht mehr, dachte er.

Mit dem Mut der Verzweiflung ging er denselben Weg zurück, den er gekommen war, und stieg in die Straßenbahn, um zu seiner alten Wohnung zu fahren. Wenige Schritte von dort war die Filiale seiner Bank. Man kannte ihn dort, er hatte ja nun schon mehrfach den Überziehungskredit erhöht. Das vorige Mal wollten sie nicht nur seine Steuererklärungen der letzten drei Jahre einsehen, sondern auch noch Sicherheiten. Sicherheiten, er hatte keine Sicherheiten. Seinen schönen Schreibtisch vielleicht, ha ha, ja den, lachte er vor sich hin. Und das unverschickte Paket Bücher im Wert von sechshundert Euro. Immerhin, die hatte er, aber bezahlt waren sie auch noch nicht, sondern in Kommission geliefert. Die andern Verlage schickten ihm schon längst nicht mehr in Kommission, er hatte bei allen seit Monaten offene Rechnungen.

Vor der Bank nahm er sich zusammen. Ich muss ruhig und zuversichtlich wirken.

Herr Sigel hat Urlaub und ist heute nicht da. Frau Karl vertritt Herrn Sigel in Kredit-Angelegenheiten. Uli überlegte, ob er umkehren sollte. Er kannte Frau Karl, eine gut aussehende, arrogante junge Frau von knapp dreißig Jahren mit kurz geschnittenen, schwarz gefärbten Haaren und einem eiskalten grauen Blick. Als es ihm noch gut ging, hatte er ihr eines Tages auf die Frage, ob er noch einen Wunsch habe, gesagt, ja, ein Lächeln. Sparen Sie sich Ihre Anzüglichkeiten, hatte sie ihm wütend erwidert.

Bevor er sich zum Gehen wandte, stand Frau Karl jedoch schon vor ihm, forderte ihn auf, in der verglasten, halboffenen Besprechungskoje Platz zu nehmen. Sie wünschen?

Es tut mir leid, sagte er so trocken und gleichmütig wie möglich, aber ich muss meinen Überziehungskredit dringend noch einmal für einen Monat um zehntausend Euro erhöhen, um Lehrmaterial einzukaufen, das in Namibia bestellt wurde. Namibia zahlt immer sofort nach Lieferung, das heißt, in zwei Monaten bin ich wieder liquid.

Haben Sie die Bestellung dabei?

Nein, die kann ich Ihnen morgen zukommen lassen, antwortete Uli prompt, innerlich bereits entschlossen, die Bestellung zu fälschen. Er hatte genug alte Briefe und mit den heutigen Farbkopierern…

Allerdings kann ich Ihnen gar nichts garantieren. Solche Ausnahmen entscheidet die Geschäftsleitung, und das kann dauern. Es ist sinnvoller, Sie bitten Namibia um Vorkasse. Haben Sie sonst noch einen Wunsch, sagte sie nicht ohne ironischen Unterton? Er blieb ihr die Antwort schuldig, stand auf und verließ die Bank. Ohnmacht und Hass erfüllten ihn. Ohnmacht und Hass.

Es war in dieser Nacht, in der er ratlos und hungrig, weil er sich nicht getraute, sein letztes Geld auszugeben, auf seiner Matratze lag und zu schlafen versuchte, als der den Plan fasste, eine Bank zu überfallen. Eine kleine Filiale, ein bisschen außerhalb.

Am nächsten Tag lud sich Uli bei Sebastian zu dessen Verwunderung spontan zum Essen ein und redete den ganzen Abend von neuen Aufträgen, die seine Situation in Kürze verbessern würde. Sebastian war misstrauisch und bot dem Freund noch einmal zweihundert Euro an. Danke, das reicht mir dicke, rief Uli irritierend hastig. Er lügt, dachte Sebastian. Er lügt.

Drei Tage später, am langen Donnerstag kurz vor Schalterschluss, wurde am Rand von Fellbach ein Banküberfall gemeldet. Ein stämmiger Mann mit einem Strumpf über dem Kopf war in die menschenleere Filiale gestürzt, hatte die Kassiererin, die bereits dabei war aufzuräumen, mit einer kleinen Pistole bedroht. Noch bevor es zu einem Wortwechsel kam, hatte die junge Frau die Alarmanlage ausgelöst, sodass der Bankräuber bei heulender Sirene, ohne auch nur Geld gefordert zu haben, rennend die Filiale verlassen hatte und unentdeckt entkommen konnte.

Zwei Wochen vergingen, in denen Uli, wie er später vor dem Richter gestand, in fataler Gemütslage, einer Mischung aus Hass auf alle Banken und wachsender Verzweiflung, durch die Vororte strich, um, wie er sich ausdrückte, eine geeignete Bank zu finden. Sein zweiter Versuch gelang, die Spielzeugpistole versetzte das Personal in Schrecken, achttausend Euro wechselten den Besitzer. Als Uli eine halbe Stunde später in seiner neuen Behausung die Tür aufgeschlossen hatte, sich zitternd setzte und die Scheine nebeneinander auf dem geliebten Schreibtisch ausgebreitet hatte, sah er durch das Fenster einen Polizeiwagen vorfahren. Sie waren schon da, zwei junge Polizisten stürzten mit gezückten Revolvern in das Haus.

Noch bevor sie klingeln konnten, hatte Uli die Tür geöffnet, blass, müde, erschöpft und alt. Es ist gut, dass Sie kommen. Er wies auf die Kinderpistole, das Geld und den Strumpf. Ohne jeden Widerstand, offenbar erleichtert, ließ er sich Handschellen anlegen. Durch das Fenster sah man den erleuchteten roten Kran. Sollen wir noch irgendetwas für Sie mitnehmen? fragte der jüngere der beiden Polizisten angerührt durch die Traurigkeit, die über dieser absurden Szene lag.

Nein, ich bin fertig, sagte Uli. Er wurde zu fünf Jahren verurteilt, eineinhalb Jahre davon sind zur Bewährung ausgesetzt.

Nachbar Horst

Horst ist ein gutes Kind, sagte die Mutter immer, aber er ist so sensibel. Horst blieb gern zu Haus und spielte in der Garagen-Werkstatt des Vaters mit den Resten aus Holz. Die spiralenförmige Sägespäne, die als Abfall übrig blieb, gefiel ihm besonders. Er klebte daraus kleine Gebilde, die wie skurrile Häuser aussahen. Wenn ich mal groß bin, baue ich mir so ein Haus, pflegte er zu sagen. Aber immer, wenn ein Haus fertig war, ging Horst auf den gepflasterten Weg, der zum Eingang des elterlichen Reihenhauses führte, zündete sein Werk an und schaute mit kleinen kichernden Schluchzern zu, wie es verbrannte.

Der Vater war vor der Pensionierung Schreiner gewesen und verbrachte seither seine Freizeit mit sinnlosen Hobelarbeiten in der Garage. Das Reihenhaus war nicht groß und der Keller mit selbst gefertigten Regalen versehen, säuberlich bis zur Decke. Die Sinnlosigkeit seines Tuns hatte ihn noch schweigsamer werden lassen, als er es ohnehin gewesen war, und das manische Spiel seines Sohnes befremdete ihn kaum. Die Mutter hatte spät geheiratet, und als Horst auf die Welt kam, arbeitete der Vater schon nicht mehr.

Es war eine stille Hochzeit gewesen. Gudrun hatte als Kind einer großen ländlichen Familie mit vielen Geschwistern schon früh allein nach Stuttgart gehen müssen, um ihr Geld zu verdienen. Ohne Schulbildung, von Natur aus schüchtern und unbeholfen, hatte sie eine Putzstelle in der Fabrik angenommen, für die Volker als Schreiner tätig war. So waren sich die Eltern über viele Jahre immer wieder begegnet, aber es hatte lange gedauert, bis sie verstanden, dass sie einander ähnlich waren.

Als Volker Lehmann der bald vierzigjährigen Gudrun einen Heiratsantrag machte, sagte sie ohne Zögern ja. Es war kaum Liebe, was sie bewegte, sondern das Wissen, dass sie ihm nützlich sein konnte. Sein Haushalt war unversorgt, die kleine Schreinerei brauchte seine ganze Zeit.

In ihrer Schlichtheit war ihr nie aufgefallen, dass ihr etwas fehlte. Aber der Gedanke, aus der Kammer, die sie seit zwei Jahrzehnten oben in der Fabrik bewohnte, heraus in eine eigene Wohnung zu ziehen und nicht mehr für andere, sondern für sich selbst zu putzen, stimmte sie auf eine neue Weise froh.

Als sie zwei Jahre nach der Heirat unerwartet schwanger wurde und trotz ihres fortgeschrittenen Alters nach einer normalen Geburt ihren Sohn in den Armen hielt, fühlte sie sich glücklich. Das Gefühl der stillen Freude angesichts ihres Sohnes blieb ihr bis zum Tod. Vatter nannte sie seither ihren Mann und hatte wohl fast vergessen, dass er Volker hieß. Das Leben der Familie lief gleichmäßig dahin. Kurz nach Horsts Geburt erwarb Herr Lehmann das Reihenhaus auf der Filderebene. Für ein Eckhaus hatte das Geld so kurz vor der Rente nicht gereicht. Es war alles recht und ordentlich in diesem Haus. Ein Wohnzimmer mit Sofa und Fernseher und eine Essecke mit Bank und Durchreiche in die Küche. Das Schlafzimmer mit dem großen Einbauschrank, den beige lackierten Betten mit passenden Nachtschränken, auf denen das obligatorische Hochzeitsfoto und ein Bild von Horst als Baby standen.

Als Horst in die Schule kam, richtete der Vater ihm ein Jugendzimmer mit selbst geschreinerten Möbeln aus Kiefernholz ein. Mit vierzehn erhielt Horst auch einen Plattenspieler. Freunde kamen nie ins Haus. Die Eltern sahen Gäste nicht gern.

Die Mutter hatte das Kind vor dem Kindergarten bewahrt. Er geht da nicht gerne hin, hatte sie der Erzieherin erklärt und war froh über den kleinen Triumph, dass Horst lieber bei Mutter blieb. Aber es war ja auch schön zu Hause.

In der Schule tat Horst sich schwer, und der Vater wollte nicht verstehen, dass der Junge immer noch die merkwürdigen Häuser in der Garage bastelte, um sie zu verbrennen. Du musst mal was Richtiges schreinern, sagte er. Wenn ich groß bin, antwortete Horst.

Die Mutter empfand eine leise Kränkung angesichts der seltsamen Häuser, die ihr Sohn baute, so, als ob ihr Reihenhaus ihm nicht genug sei. Er ist ja so sensibel, meinte sie zu Vatter und ließ es dabei bewenden.

Trotz allem schaffte Horst den Hauptschulabschluss mit guten Noten und bekam eine Lehrstelle bei der Bundesbahn. Wenn er von seiner Arbeit auf den Gleisen des Stuttgarter Hauptbahnhofs zurückkehrte, war er müde, und die Mutter brachte ihm sein Abendbrot auf die Eckbank. Ich bin ja so froh, dass wir dich haben, pflegte sie zu sagen.

Als der Vater nach kurzer Krankheit starb, übernahm Horst alle häuslichen Pflichten. Er wusch das Auto, reparierte den Staubsauger und trug die

Getränkekästen in den Keller. Abends, wenn er mit der Mutter vor dem Fernseher saß, trank er sein Bierchen, wie sie es nannte. Von Jahr zu Jahr wurden es mehr Flaschen, die Horst am Abend aus dem Keller holte. Die Mutter schlief früh, und wenn sie auch wusste, dass Horst im Gegensatz zum Vater zu viel trank, dachte sie nicht weiter darüber nach. Hauptsache, Horst war froh und bei ihr. Als Horst zu seinem vierzigsten Geburtstag einen Kollegen mit zwei Begleiterinnen nach Hause einlud, gab es den ersten Streit. Das kleine Geburtstagsfest war, wie zu erwarten, feuchtfröhlich und laut geworden. Mitten in der Nacht stand die Mutter plötzlich in der Wohnzimmertür und fand Horst und seinen Kollegen in desolatem Zustand in den Armen der leicht bekleideten Frauen. Raus hier, schrie sie aufgebracht, während Horst sich verlegen die Hose richtete und seine Partnerin, als sie keinerlei Unterstützung bei Horst fand, schluchzend mit dem anderen Pärchen das Haus verließ.

Dass mir so etwas nie wieder vorkommt, schrie die Mutter. Horst blieb die Nacht über im Wohnzimmer sitzen und trank alles aus, was an Resten im Zimmer stand, bis ihm übel wurde. Er ging ins Bad, übergab sich und schlief erschöpft mit dem Kopf auf dem Badewannenrand ein.

Das Ereignis wurde nie wieder erwähnt, und Horst lud nie wieder Kollegen ein. Er wurde noch einsilbiger als zuvor. Neuerdings ging er wieder in die Garage und klebte seine skurrilen Häuser. Wenige Jahre nach der tristen Geburtstagsfeier erkrankte die Mutter an Bronchialasthma. Horst pflegte sie über fast zehn Jahre, ohne zu murren. Was für ein rührender Sohn, sagten die Nachbarn, wenn sie sahen, dass Horst in der Mittagspause nach Hause kam, um seine röchelnde Mutter im Bett aufzusetzen und zu füttern. Als Horsts Mutter starb, kam dennoch keiner von den Nachbarn zur Beerdigung.

Horst lebte weiter wie bisher, bis er selber Rentner war. Gelegentlich stand er am Zaun seines Gartens und schaute in die Nachbargrundstücke. Auf der einen Seite wohnte ein Ehepaar, das am Wochenende mit Freunden Grillpartys veranstaltete, wann immer das Wetter es zuließ. Wenn Horst sich Mut angetrunken hatte, rief er einen Gruß hinüber. Manchmal reichte er dann den Nachbarn ein Fläschchen Wein, machte ein paar hilflose Bemerkungen über den schönen Abend und wandte sich dann wieder mit geschäftigem Gang seinem dunklen Haus zu, wenn außer einem verlegenen Dank keine Einladung erfolgte, sich doch dazu zu setzen. Die Frau arbeitete in einer Bäckerei und brachte ihm dafür hin und wieder eine Tüte Brötchen oder ein Stück Kuchen an die Tür.

Die Nachbarn auf der anderen Seite hatten drei Kinder, denen er immer mal wieder einen Zehnmarkschein zusteckte. Sie blieben dann länger bei ihm stehen und plauderten mit kindlicher Unschuld über dies und jenes, erkundigten sich nach seinem Befinden und luden ihn zu sich in den Garten ein. So kam es, dass er zuweilen im Kreise ihrer Eltern und deren Freunden saß, freundlich geduldet, trotz seiner zunehmenden Verwahrlosung. Aber auch diese kleinen Abwechslungen wurden seltener. Er spürte die wachsende Zurückhaltung, ohne dass er die Kraft hatte, über die Ursachen nachzudenken.

Er wusch sich kaum noch. Seine Kleidung wechselte er mehr zufällig als nach Notwendigkeit. Die Fenster im Haus hielt er verschlossen, ebenso die Vorhänge. Die Blumen im Vorgärtchen goss er jedoch regelmäßig, wobei er auch den Gartenzwerg mit der kleinen Schubkarre abzuspritzen pflegte, den sein Vater einmal der Mutter mitgebracht hatte.

Sein Alkoholkonsum nahm zu, zu essen vergaß er. Immer häufiger verletzte er sich, weil er die schmale Treppe in den Keller hinab fiel oder aber in trunkenem Zustand über einen der vielen kleinen Teppichläufer stolperte, die seine Mutter über den braunen Auslegeboden dekoriert hatte. Der Nachbar mit den Kindern hatte ihn schon zweimal aufgesammelt und zum Arzt gefahren. Das war ihm unangenehm, aber er hatte sich alleine nicht helfen können.

Kurz vor seinem dreiundsechzigsten Geburtstag im August raffte er sich auf. Es war ein warmer, schöner Sommertag. Er putzte sein Haus, was er schon lange nicht mehr getan hatte. Sogar die Fotos auf den Nachtschränken im Schlafzimmer seiner Eltern wischte er ab. Als er fertig war, duschte er – seit Monaten zum ersten Mal – und zog sich frisch an, ein weißes T-Shirt und seine hellgraue lange Hose. Wochenlang hatte er nur die alten kurzen Shorts getragen. Als er fertig war, setzte er sich auf sein Bett in seinem Jugendzimmer, in dem er immer noch schlief.

Draußen war es still. Die Nachbarn mit den Kindern hatte er schon seit ein paar Tagen nicht gehört. Es war sehr warm und duftete nach dem Jasminbusch, der unter seinem Fenster wuchs. Er blieb so sitzen, bis die Dämmerung hereinbrach und er aus dem Garten der Bäckersfrau Stimmen hörte und bald darauf den Geruch von Holzkohle wahrnahm.

Er stand auf und holte zwei Flaschen guten Trollinger aus dem Keller. Er wartete eine ganze Weile am Zaun seiner Nachbarn, bis sie ihn bemerkten. Was für ein schöner Abend, sagte er und hielt die beiden Flaschen mit ausgestreckten Armen dem Hausherrn entgegen. O ja, sagte der Mann der Bäckerin und nahm die Flaschen entgegen. Danke auch schön, ergänzte er mit unsicherem Lächeln. Mit den Flaschen in der Hand blieb er ratlos stehen. Horst sah schweigend an ihm vorbei auf die Gruppe von Menschen, die um den Grill standen. Die Bäckerin wandte ihm den Kopf zu, hob den Arm und winkte. Hallochen, schönen Abend noch, Herr Lehmann. Manfred kommst du, man muss das Fleisch wenden, ergänzte sie, und ihr Mann folgte erleichtert und vermied es dabei, Horst noch einmal in die Augen zu sehen.

Der blieb noch eine Weile und schaute, ihm war ein wenig schwindlig. Vielleicht von dem Rauch, der vom Grill aufstieg und den er einatmete, als wolle er ihn inhalieren. Oder war er überanstrengt von dem ungewohnten Hausputz bei dem warmen Wetter? Als er sich wieder seinem Haus zuwandte, warf er noch einen Blick auf das andere Nachbargrundstück. Dort war es still. Man hörte die Kinder nicht. Sie waren wohl verreist.

Horst stieg die Treppen hoch in das Schlafzimmer seiner Eltern, dort nahm er aus der Nachttischschublade seiner Mutter eine Tablettenröhre Phanodorm. In der Küche schüttete er den Inhalt auf den

Tisch und zählte achtzehn Tabletten. Dann las er das Verfallsdatum, es lag nur wenige Monate zurück.

Im Wohnzimmer blieb er noch einen Augenblick stehen und horchte auf die Stimmen aus dem Garten. Dann schloss er die Terrassentür und holte sich ein Glas Wasser. Er setzte sich in den großen Sessel, in dem sein Vater früher vor dem Fernseher gesessen hatte, und schluckte die Tabletten, immer vier auf einmal, mit dem Wasser hinunter. Er schaffte es noch, die Zeitung in die Hand zu nehmen, dann verlor er das Bewusstsein, ohne dass ihm übel geworden war.

Einige Tage darauf war die junge Familie neben Horst zurückgekehrt und wunderte sich darüber, dass so viele Zeitungen in seinem Briefkasten steckten und die Blumen im Vorgärtchen zu verwelken drohten. Der Notarzt fand Horst und stellte Tod durch Herzversagen fest. Kein Wunder bei der Hitze und dem ruinierten Gesundheitszustand eines Alkoholikers.

Die junge Mutter weinte, als die Polizei den Toten in einem Sack aus seinem Haus trug. Es ist furchtbar, sagte sie zu ihrem Mann und den Kindern, nie war sein Haus so aufgeräumt, und seit Monaten war er nicht so ordentlich angezogen.

Abschied

Er legte den Füller aus der Hand, schraubte ihn sorgfältig zu und legte ihn auf die flache Achatschale. Sanft strich er mit der Spitze seines Zeigefingers am Rand der Schale entlang, spürte die glatte, kühle Oberfläche und musste lächeln. Wie schön dieser Gegenstand war, die schlichte rechteckige Form, der weiche Rand der Schale, der honigfarbene Ton des Achats. Dann legte er seine Hände neben den Brief auf den Tisch, las noch einmal, was er geschrieben hatte, und erhob sich mühsam, indem er sich schwer auf seine Handflächen stützte.

Abschied, dachte er. Wie hab ich das gefühlt, was Abschied heißt, fiel ihm eine Zeile aus einem Rilkegedicht ein. Plötzlich kraftlos, stützte er sich wieder auf seinen Schreibtisch. Dann richtete er sich mit einem Anflug von Entschlossenheit auf, trat vor und betrachtete sein Arbeitszimmer, als sähe er es zum ersten Mal. Wie schön alles um ihn war, wie stilvoll und erlesen. Das Zimmer war in Halbdunkel gehüllt, außer der Schreibtischlampe brannte nur die mattgrüne Stehlampe. Er trat einen Schritt vor, setzte den linken Fuß auf den kleinen dunkelroten Läufer, den er aus Tibet mitgebracht hatte, einen kostbaren Gebetsteppich aus dem 16.Jahrhundert. Einen Moment lang überlegte er, ob er niederknien und beten solle. Nur nicht sentimental werden, dachte er. Er strich mit der Hand über den weichen Samtstoff eines Sessels, beugte sich zu dem niedrigen Couchtisch und griff nach einer der farbigen Glaskugeln, die in einer Schale lagen. Er behielt sie in der Hand, sie war so kühl, und durchschritt langsam seine Wohnung. Er blieb stehen vor einem der großen Blumensträuße, die er sich jeden Samstag für seine Wohnung gönnte, und atmete den Duft ein. Er liebte duftende Blumen, jetzt im Winter war es nicht leicht, aber er hatte Lilien gefunden. Diesmal hatte er weiße Lilien gekauft. Als er sie kaufte, war er noch nicht entschlossen gewesen. Aber jetzt passten sie, fand er. Er ging von Raum zu Raum. Lange und ruhig betrachtete er seine Bilder. Ich habe richtig gekauft, dachte er, als hätte dieser Gedanke noch irgendeinen Sinn für ihn. Wilhelm. Ein guter Maler. Langsam ging er die Treppe hinunter in sein Schlafzimmer. Das Foto seiner Mutter machte ihm Angst, er begann zu weinen, er schluchzte wie ein Kind und tappte weiter. Zwanghaft tastete er sich an den Wänden entlang und nahm Abschied. Ich kann eben nicht mehr. Ich kann einfach nicht mehr, dachte er, als er ins Bad trat und sich im Spiegel sah, bleich mit roten Flecken im Gesicht, verweinten Augen, alt, müde. Ich bin hässlich, dachte er. Hässlich, dachte er. Zu hässlich für die junge Freundin. Du liebes Kind, natürlich kannst du mich nicht lieben, wie solltest du. Du bist so anders. So jung und so vollkommen anders. Es wird dir gut gehen, wenn ich nicht mehr da bin. Dann hat doch alles noch einen Sinn. Du wirst vernünftig werden, wenn es dir erst gut geht. Denk an mich, du liebes Kind.

Im Spiegel sah er sich in seinem Morgenmantel, sah, dass er sich nicht rasiert hatte heute, sah sein verquollenes Gesicht. So nicht, dachte er. Er wusch sich das Gesicht mit kaltem Wasser und begann sich sorgfältig anzuziehen. Er überlegte lange. Er wählte einen hellen Anzug, obwohl es doch Winter war, und zog ein weißes Hemd an. Als er instinktiv nach einer Krawatte griff, musste er plötzlich hysterisch lachen. Der Hals muss frei bleiben, krähte er laut und erschrak vor seiner Stimme. Mit zitternden Knien stieg er die Treppe wieder in den ersten Stock hoch, zog sich mit den Händen nach oben. Aus der Küche holte er sich Rotwein vom Weingut Graf Adelmann: Herbst im Park. Ein schöner Name, dachte er und schenkte sich in ein Kristallglas ein.

Dann ging er zu seinem Plattenschrank, suchte und fand, was er gesucht hatte. Eine alte Aufnahme des Tristan, dirigiert von Furtwängler. Mit zitternden Händen legte er die Platte auf, er wählte den Beginn des dritten Aktes, den melancholischen einsamen Gesang des englischen Horns. Dann trank er in schnellen Zügen mehrere Gläser Rotwein.

Entsetzlich, sagten seine Freunde, entsetzlich. Wie konnte er sich erhängen. Entsetzlich.

Im Schnee

Der Schnee stob ihm ins Gesicht, als er aus der Tür des Blockhauses trat. Im ersten Augenblick sah er nichts. Er schloss die Augen und versuchte, sich an die nasse Kälte zu gewöhnen.

Noch einmal lehnte er sich an die Tür wie an etwas Vertrautes. Er blickte in die Dunkelheit, die vor ihm lag. Aber der Schneesturm hinderte ihn daran, etwas zu erkennen, und schuf eine grauweiße dunkle Wand, die mit jedem Schritt zurückwich, ohne sich zu verändern.

Er war Melder. Seit gestern. Den anderen hatte es erwischt. Sie hatten Willibald gesagt, es sei eine Ehre. Verantwortung für die ganze Einheit. Ich bin erst siebzehn Jahre, dachte Willibald. Der andere war älter gewesen, das wusste er. Aber sie waren nicht mehr viele. Die meisten waren schon verwundet, krank, kaputt. Du bist stark, Willi, hatte der Leutnant gesagt.

Durch den Wald darfst du laufen, dann musst du ein, zwei Kilometer auf dem Boden robben, bis du über die Brücke kommst. Dahinter ist unser Nachschub. Sowie du die Botschaft überbracht hast, robbst du zurück. Du musst keine Angst haben, die Russen sind noch vor uns. Aber sicherheitshalber musst du robben. Nach dem Wald musst du am Boden entlang robben.

Willi wusste, dass der Leutnant log, er hatte die Schüsse gehört und die Leuchtfeuer gesehen. Der Feind war längst seitlich von ihnen und würde ihnen den Rückzug abschneiden.

Er musste robben, nur ein, zwei Kilometer auf dem Boden durch den Schnee mit der zerschlissenen Uniform bei minus fünfzehn Grad auf dem gefrorenen Boden robben. Willibald ging los. Er stemmte sich gegen den Schneewind, und als der Druck des Windes stärker wurde, schien die Schneewand durchlässig grau, eigentümlich hell. Er hatte den Wald hinter sich gelassen und befand sich auf offenem Feld. In der Ferne hörte Willi Geschützfeuer. Vor ihm musste irgendwo die Brücke sein, und rechts am Horizont sah er die Wand heller schimmern, dort lag wohl der Feind.

Willi warf sich auf den Boden und robbte los. Das Gesicht war nass, seine Hände, starr vor Kälte, wirbelten ihm den Schnee in die Augen. Nur nicht die Richtung verlieren, dachte er. Sein Körper fand seinen Rhythmus. Linker Ellbogen, rechter Ellbogen. Die Beine, steif und halb erfroren, schleifte er nach. Linker Ellbogen, rechter Ellbogen. Linker Ellbogen, rechter Ellbogen. Irgendwann musste sie ja kommen, die Brücke. Ab und zu schaute er auf, ob man sie endlich sehen konnte.

Als er jetzt hochblickte, sah er wenige Meter vor sich eine Gestalt, einen Mann in russischer Uniform, einen russischen Soldaten, der grau in dem Schneesturm stand und stumm sein Gewehr auf ihn richtete. Willibald erhob sich, es ist zu Ende, dachte er. Dann standen sie einander gegenüber und sahen sich an. Der Russe hatte ein blasses Jungengesicht und mongolische Augen. Sie schauten sich an, und Willi sah seinem Tod in die Augen. Plötzlich war er ruhig, angstlos, hoffnungslos und müde. Die Mongolenaugen blickten zurück, der Sturm wehte dem russischen Soldaten Schnee ins Gesicht. Er hob die Hand und wischte sich den Schnee aus den Augen. In diesem Augenblick drehte sich Willibald um und ging langsam ohne Eile zurück in die Richtung, aus der er gekommen war. Er schießt nicht, er schießt nicht, warum schießt er nicht. Nach einigen Metern begann Willi zu rennen, rannte, rannte, rannte und stolperte irgendwann über eine Schneewehe. Als er aufstand und zurückblickte, hatte sich die graue Schneewand wieder geschlossen. Es war niemand zu sehen.

Willibald stand und schaute, dann legte er die Hände um den Mund und schrie schluchzend gegen die Schneewand: Doswidanja, doswidanja.

Taxidriver

Athen plante einen Generalstreik. Georgios fühlte sich nach einer Nacht ohne gute Aufträge erschöpft und lustlos, zwei Touristen hatte er immerhin zum Flughafen gefahren, bis zum Morgengrauen dann aber wartend am Ausgang der Metro verbracht.

Mit ihm standen an die dreißig Taxis auf dem kleinen Platz, aber die Menschenmenge, die durch das pittoreske Psirri spazierte, wählte eher die U-Bahn. Das Viertel zog überwiegend die Jugend von Athen an, die meisten Lokale waren einigermaßen preiswert, wenn man Musik hörte, dann eher amerikanische oder europäische Discomusik.

Die wenigen von den Touristen bevorzugten Kneipen mit griechischer Musik rechtfertigten seine Hoffnung auf gute Geschäfte nicht, zumal die ausländischen Besucher eher in umliegenden Hotels wohnten.

Ein Luftballonverkäufer zog an der Taxischlange vorbei und bog in die belebte Gasse von Psirri ein. Georgios schaute die bunte Wolke von Ballons an, musste über die komischen Formen der gasgefüllten Figuren und Tiere lächeln, stieg spontan aus, ließ seinen Wagen stehen und kaufte eine große Mickymaus für Artemis, seine fünfjährige Tochter.

Er steckte den Ballon in den Kofferraum und hatte einen Anflug von guter Laune, als er sich vorstellte, wie Artemis sich freuen würde, und Dafne natürlich auch. Dafne, seine schöne Frau. Wenn er später nach Hause käme, würde sie schon ungeduldig warten, geschminkt, in dem schwarzen engen

Kleid, das sie zur Arbeit in dem Café am Lykabettos trug. Er war stolz auf sie. Sie hatte den Job in diesem noblen kleinen Lokal bekommen, weil sie schön war, natürlich auch, weil sie etwas Englisch konnte, aber vor allem, weil sie schön war. Er liebte sie, seine blonde Dafne. Eifersucht quälte ihn. Er beneidete die jungen Paare, die vor seinen Augen Hand in Hand in die belebte Gasse von Psirri einbogen. Er und Dafne hatten nur alle zwei Wochen den Mittwoch gemeinsam frei.

Das Geld war zu knapp. Artemis brauchte bald Schulgeld, und die Pension seiner Mutter, die tagsüber auf das Kind aufpasste, wenn Dafne im Café arbeitete und er Tagdienst hatte, reichte nicht. So wohnten sie zu viert in einer kleinen Wohnung in Glyfatha.

Griechenland war bankrott, tröstete sich Georgios, nicht ich, wir alle sind bankrott. Nur die Reichen, die eleganten Männer, die in ihren dunklen Anzügen morgens am Lykabettos in die Bar von Dafne kamen, lässig am Thresen standen, das elegante Aktenköfferchen mit dem Laptop am Boden, ihren Kaffee schlürften und seiner Frau Komplimente machten, die hatten noch immer kein sichtbares Problem.

Am Nachmittag würde der große Marsch sein. Es waren zahllose Gruppen angemeldet. Sie würden Tausende sein. Zehntausende. Vielleicht Hunderttausende. Man wollte friedlich demonstrieren. Georgios und seine Freunde Iannis und Theodor wollten dabei sein, aber sie hatten andere Pläne. Die Banken müsse man strafen, sie hätten Schuld. Nichts würde sich ändern in Griechenland, wenn die Menschenmassen friedlich auf den Syntagma-Platz zögen. Theodor hatte eine kleine Bankfiliale in einer Seitenstraße vorgeschlagen, die parallel zu dem Demonstrationszug lag. Ein, zwei Molotow-Cocktails in die Glastür. Niemand würde zu Schaden kommen außer dem Gebäude, und sie konnten leicht in eine der Quergassen entkommen.

Wenigstens an einer Ecke sollte die Stimmung eskalieren. Sonst begreifen die da oben nichts, und es bleibt alles beim Alten. Das ist Griechenland. Believe me, sagte Georgios vor sich hin. Sie müssen Angst bekommen, Angst vor uns, Angst vor einem Bürgerkrieg.

Die meisten Taxifahrer hatten sich dem Streik angeschlossen, die Innenstadt war ohnehin gesperrt. Georgios freute sich, mit angestauter Wut freute er sich darauf, mit den anderen durch die Stadt zu ziehen und zu handeln. Er hatte vor, das Auto unterhalb des Museums zu parken und sich am Omonia-Platz seinen Freunden anzuschließen.

Als er hielt, seine Sachen zusammen räumte, um auszusteigen, riss ein älterer Herr die hintere Tür auf, fragte etwas auf Deutsch und setzte sich – ohne eine Antwort abzuwarten – in das Taxi. Kolonos, please, sagte er. Georgios ärgerte sich und gab unwillig zu verstehen, dass die Stadt gesperrt sei, dass man nicht zum Kolonos fahren könne. Streik. Wir Streik, versuchte er es auf Deutsch. Der alte Herr blieb stur sitzen und erklärte – geradezu südländisch gestikulierend – in einer Mischung aus Englisch und Deutsch, er wolle zum Kolonos und zwar jetzt gleich. You must drive me to the Kolonos, sagte er und sprach dabei wie die meisten Deutschen ein

Rachen-R und kein ‚th'. Georgios ärgerte sich, er ärgerte sich über den unnützen Aufenthalt, er ärgerte sich über die Sturheit des Deutschen, und er ärgerte sich sogar über die deutsche Aussprache. Get out, schrie er. Der Deutsche rührte sich nicht, sondern begann aufgeregt in gebrochenem Englisch, von seinem Urgroßvater zu erzählen, der auf dem Kolonos begraben sei.

Georgios verstand und verstand nicht, was der Deutsche ihm erzählte. Wütend stieg er schließlich wieder ein, gab Gas und fuhr mit dem Wagen direkt an die Polizeisperre heran – ich Idiot, dachte er. Es war unklug, sich angesichts seiner Pläne ausgerechnet heute mit einem Polizisten zu unterhalten, aber er wusste sich keinen anderen Rat. Eine Kette von etwa dreißig schwerbewaffneten jungen Polizisten mit Gasmasken, die sie an Lederbändern um den Hals hängen hatten, verhinderte jedes Weiterkommen. Georgios erklärte einem der jungen Beamten auf Griechisch, dass der deutsche Tourist unbedingt durch die Stadt wolle, zum Kolonos. Er weigere sich auszusteigen. Der Polizist hatte ganz offensichtlich keinen Sinn für das Problem, antwortete mit einem raschen Wortschwall, machte große kreisende Gesten, redete etwas von Piräus und wandte sich ab.

Der Deutsche schöpfte Hoffnung, er hatte verstanden, es gab eine Möglichkeit, die Sperrung weitläufig zu umfahren. Aufseufzend lehnte er sich erleichtert zurück. Georgios war hilflos. That becomes expensive, zischte er nach hinten. Doesn't matter, kam es gelassen zurück.

Wütend gab Georgios Gas und fuhr aggressiv, so schnell es der Verkehr nur irgend erlaubte, nördlich stadtauswärts. Er würde zu spät kommen. Iannis und Theodor würden unruhig werden, wenn er nicht käme. Sie würden sich verraten fühlen, im Stich gelassen. Sie würden ihm nicht glauben und ihn für feige halten, denken, dass er kneifen wollte. Du mit deiner Familie, traust du dich denn überhaupt, hatte Iannis schon vor Wochen gespottet. Klar, hatte Georgios geantwortet, gerade aus Verantwortung für meine Familie muss ich sogar handeln.

Sie fuhren eine Viertelstunde schweigend. Der Deutsche lächelte zufrieden und schien sich an der wilden Raserei Georgios' nicht im Mindesten zu stören.

Sie hielten an einer roten Ampel vor einem Bahnübergang. Die Ampel blieb rot, obwohl kein Zug kam. Georgios sah in den Rückspiegel auf seinen Fahrgast, zum ersten Mal sah er ihn in Ruhe an. Unwillkürlich musste er lächeln über den zufriedenen, glücklichen Ausdruck des alten Mannes. Er hatte ihn zunächst für jünger gehalten. Jetzt schätzte er seinen Fahrgast auf mindestens siebzig Jahre. Er sieht meinem Vater ähnlich, dachte er, als ihm die dichten schwarzen Augenbrauen auffielen, die zu dem üppigen, etwas struppigen weißen Haar kontrastierten.

Endlich schaltete die Ampel auf Grün, Georgios fuhr los, und als er sich genau auf den Schienen befand, senkten sich die Schranken, er gab Gas und entkam gerade noch rechtzeitig. Das ist Griechenland. Believe me, sagte er. Sie lachten.

Where in Kolonos is the tomb of your grandfather? fragte Georgios. I don't know, kam prompt die Antwort. You don't know? fragte Georgios verblüfft zurück.

Langatmig und bester Stimmung erklärte der Deutsche nun noch einmal, sein Urgroßvater, nicht sein Großvater, sei ein berühmter Archäologe gewesen und schon mit dreißig Jahren am Fieber in Athen gestorben. Man habe ihm, weil ihm wichtige Ausgrabungen und bedeutende Bücher über die griechische Kunst zu verdanken seien, auf dem Kolonos eine marmorne Grabstele errichtet. Sie müsse in irgendeinem Park stehen.

Die zunehmende Sympathie für den komischen Deutschen, sein Ehrgeiz, das gesuchte Grabmal auf dem Kolonos zu finden, ließen Georgios vergessen, was er eigentlich an diesem Tag geplant hatte. Die Revolution rückte in die Ferne, der freundliche Fremde mit seiner Begeisterung für seinen verstorbenen Urgroßvater belustigte ihn. Findig und temperamentvoll begann er während des Fahrens herum zu telefonieren. Die Taxizentrale konnte ihm nur sagen, dass es auf dem Kolonos, einem großen, inzwischen äußerst armen Viertel, ihrer Meinung nach keine Parks gäbe. Von Gräbern wüssten sie gar nichts. Der Friedhof Karameikos sei jedoch auf dem Nachbarhügel.

Nein, nicht auf dem Karameikos, dort liegt mein Urgroßvater nicht begraben, es ist eine eigene, würdige, einsame Grabstätte. Georgios telefonierte hin und her, schließlich erzählte er, vor Begeisterung auf Griechisch, er habe einen Freund, der sei Fußballer, und der wohne in dem Stadtviertel Kolonos und hätte ihm den Weg beschreiben können.

Wenig später kurvte Georgios sicher durch das elende Viertel, Müllhalden, zusammenbrechende Häuser, bewohnte Hütten neben billigen Neubauten. Hin und wieder ein Lokal, eine Tankstelle, kleine Läden. Der Deutsche, zu beschäftigt mit dem, was er zu sehen hoffte, hatte nur flüchtige Blicke für das Elend, das Kolonos ausmacht.

Georgios fuhr schwungvoll und sicher, ignorierte ein Schild, das deutlich die Durchfahrt für Autos verbot, fuhr einen Sandweg auf die Spitze eines mit Oleanderbüschen bewachsenen Hügels und bremste scharf. Triumphierend drehte er sich um und schaute seinen Gast an. Ella, here we are. Er sah, dass der alte Herr mit einiger Mühe aus dem Auto kletterte, sich ihm dann aber glücklich strahlend zuwandte: Come with me.

Das ungleiche Paar verbrachte fast eine Stunde an dem kleinen, von einem hohen Gitter umschlossenen Hügel, auf dem die gesuchte Stele, aber auch noch ein zweites Grabmal eines französischen Archäologen stand. Der Deutsche erzählte umständlich und gründlich, was und worüber der Urgroßvater geschrieben hatte. Georgios hörte aufmerksam zu, fragte neugierig nach und kletterte schließlich über den Zaun. Sorgfältig begann er die griechische Inschrift von der verwitterten Marmorstele für den Deutschen abzuschreiben. Er selbst sei auch Archäologe, erklärte ihm der Fremde, und er habe immer gedacht, dass er seine Begabung und seine Begeisterung für die griechische Kunst diesem Vorfahren zu verdanken habe.

Als die beiden durch Kolonos zurück fuhren, nahm der Reisende die Melancholie des Ortes wahr, sie stimmte ihn traurig, und er fragte Georgios, ob sie nicht halten und zusammen einen Kaffee trinken sollten. Sie hielten bei einer einfachen Bar mit wackeligen Holzstühlen, an einem staubigen Platz, in dessen Mitte eine große Platane Schatten warf. Auf Bänken saßen alte Männer und diskutierten heftig. Die Armseligkeit der umliegenden Häuser war unübersehbar. Georgios machte eine große umgreifende Handbewegung: Das ist Griechenland. Believe me.

Dann begann er dem Fremden zu erzählen, von seiner Arbeit, von seinem Leben, das keinen Platz für Zweisamkeit mit seiner Dafne ließ, von Artemis und seiner Mutter, von dem Vater, der gestorben war, und der Witwenrente von fünfhundert Euro, die jetzt um zwanzig Prozent gekürzt werden sollte. Der Fremde hörte nachdenklich zu. Ratlos. Gerade als er tröstend die Hand auf Georgios' Arm legte, entstand Geschrei in der Bar. Das Radio wurde laut gedreht, im Fernsehen wurde eine Sendung unterbrochen, man hörte Sirenen, sah auf dem Bildschirm Massen durcheinander laufen, Streikende mit Spruchbändern, Polizisten mit Gasmasken…

Alle waren in die Bar gestürzt, standen aufgeregt und laut gestikulierend vor dem Fernseher, auch Georgios und der Deutsche. Was ist denn passiert? Georgios antwortete nicht, sondern starrte auf den Fernseher. Man sah jetzt ein brennendes Gebäude, Rauch und einen Menschen, der aus einem der Fenster auf die Straße hinab stürzte.

Eine Kommentatorin berichtete mit schriller, sich überschlagender Stimme. In der Bar schrien alle durcheinander. What happened? versuchte der Deutsche es noch einmal. Ohne zu antworten, nahm Georgios seinen Fahrgast am Arm, führte ihn zurück zu dem kleinen Tisch, legte einen Geldschein darauf, hinderte seinen Fahrgast daran, seinerseits zu zahlen und zog ihn mit hastigen Schritten zum Taxi. Das ist Griechenland. Believe me. Let's go to your Hotel.

Im Auto drehte er das Radio an, aus dem die aufgeregte Stimme eines Reporters dröhnte. Zwei Männer haben Molotow-Cocktails in eine Bank geworfen, erklärte er endlich. Es gab drei Tote. In der Bank waren trotz des Generalstreiks doch noch Angestellte geblieben. Das konnte man ja nicht wissen. Ob man die Täter gefasst habe, fragte der Deutsche. Das ist noch nicht bekannt. Ich…, unterbrach sich Georgios und schwieg. Auch der alte Herr verstummte, nachdem er zunächst vergeblich versucht hatte, mit seinem Taxifahrer über das Ereignis ins Gespräch zu kommen. Man hatte doch eine friedliche Demonstration geplant. Und nun das. Wer waren die Täter, was glauben Sie? fragte er. I do'nt know. I am only a Taxidriver.

Auf Umwegen gelangten sie schließlich zu dem Hotel des Deutschen auf dem Lykabettos oberhalb von Dafnes Bar. Der Betrag auf dem Tacho war, wenn man die lange Fahrt bedachte, erstaunlich niedrig. Der Deutsche verdoppelte die gewünschte Summe, aber Georgios fing an zu streiten, er wolle das Geld nicht, er wolle gar kein Geld. It was a pleasure for me. You look like my father. Der alte Herr bestand auf der Bezahlung, er würde diesen Nachmittag aus vielen Gründen nicht vergessen, es sei ihm wichtig, dass Georgios das Geld annehme.

Georgios antworte auf Griechisch. Er bedankte sich, den Rest verstand der Deutsche nicht. Thank you, wiederholte er noch einmal auf Englisch und umarmte den alten Herrn spontan, wandte sich um, stieg in sein Taxi und fuhr in die Stadt zurück. Im Rückspiegel sah er, wie sein Fahrgast ihm nachwinkte.

Edition Amici

Edition Amici Essay

Alf Hermann

Doch alle Kunst will Ewigkeit
Essays mit einer neuen Sicht auf alte Meister

Alf Hermann

Noch einmal nachgedacht
Ein Essay über sieben letzte Fragen

Edition Amici Drama

Helmut Landwehr

Romanzero. Disparates
Zwei Versuche über Heinrich Heine

Edition Amici Prosa

Marion Röttgen

Kindheiten – Kurzgeschichten

Marion Röttgen

Schlimme Geschichten

Rolf Jeblick

Tunakler
Geschichte eines Besatzungskindes

Edition Amici Studien

Hanns Frericks

Kant und seine Relevanz für ethische Probleme der Gegenwart. Vorträge und Aufsätze

Denny Paulicke

Was ist Gesundheit?
Versuche zu den Themen: Krankheit – Arbeitslosigkeit – Mediale Überlastung

Marion Röttgen / Gero Kerig / Hans-Peter Meier-Dallach (Hrsg.):

Gesundheitsbilder im Stadtquartier

Berlin – Köln – Stuttgart

Reinhard Steiner (Hrsg.)

Ornament und Klang

Herwarth Röttgen zum 80.Geburtstag